삼국지톡

문학동네

삼국지톡 6

ⓒYLAB, 무적핑크, 이리

초판인쇄	2023년 11월 13일
초판발행	2023년 11월 20일

글	무적핑크
그림	이리
기획·제작	YLAB

책임편집	이보은
편집	김지애 김지아 김해인 조시은
디자인	이현정 이혜정
마케팅	정민호 서지화 한민아 이민경 안남영 왕지경 황승현 김혜원 김하연 김예진
브랜딩	함유지 함근아 고보미 박민재 김희숙 박다솔 조다현 정승민 배진성
제작	강신은 김동욱 이순호

펴낸곳	㈜문학동네
펴낸이	김소영
출판등록	1993년 10월 22일 제2003-000045호
주소	10881 경기도 파주시 회동길 210
전자우편	comics@munhak.com
대표전화	031-955-8888	팩스 031-955-8855
문의전화	031-955-3576(마케팅) 031-955-2677(편집)

인스타그램	@mundongcomics
카페	cafe.naver.com/mundongcomics
트위터	@mundongcomics
페이스북	facebook.com/mundongcomics
북클럽문학동네	bookclubmunhak.com

ISBN	978-89-546-9566-4 04910
	978-89-546-7111-8 (세트)

www.munhak.com

삼국지톡 6

글 무적핑크
그림 이리
기획·제작 YLAB

등장 인물

 유비(字 현덕)

노식스쿨 선배인 공손찬 휘하에 있다.
개인의 욕망보다 백성을 먼저 생각하는 마음을 가지고 있다.

 조조(字 맹덕)

연주자사가 된 후 황건적을 토벌한다.
한번 폭발하면 앞뒤 가리지 않는 성격.

 여포(字 봉선)

동탁의 양아들. 자신의 목표를 위해서라면
사람을 해하는 것도 서슴지 않는다.

 동탁(字 중영)

어린 황제를 인질로 잡고 황위를 노린다.

 초선(가명)

여포의 연인. 자신에게 적극적으로 구애하는 동탁을
부담스러워한다.

 공손찬(字 백규)

유비의 선배. 잔혹한 토벌로 이름난 '북방의 귀신'.

 유우(字 백안)

소문난 인격자. 오랑캐와 화친 정책을 펼쳐 공손찬과 대립한다.

 제갈량

총명하며 선견을 가진 꼬마 천재.

차례

•「협천자」 1부•

초선이 대체 누구야?

'초선'.

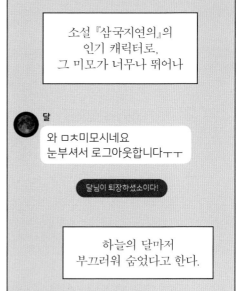

소설『삼국지연의』의
인기 캐릭터로,
그 미모가 너무나 뛰어나

달
와 ㅁㅊ미모시네요
눈부셔서 로그아웃합니다ㅜㅜ

달님이 퇴장하셨소이다!

하늘의 달마저
부끄러워 숨었다고 한다.

그러나 사실,
초선은 사람 이름이 아니다.

옛날 중국 벼슬아치들은
'초선관'이라는 모자를 썼는데

좋은 가죽으로 만들어
아주 아주 귀했다.

초 선
후한 황실漢.

그래서 따로 초신관을
관리하는 사람을 두었고,

왕초선씨

김초선씨

박초선씨

이 담당 시녀들을 모두 '초선'이라고 불렀다.

그래서 '초선'이라고만 하면 누군지 정체를 알 수가 없었으니.

장안, 황궁

글쎄? 모델 아닐까? 걸그룹이나.

초선이 대체 누구야?

에이~
그럼 기자들이
진작 알았죠!

어쩌면 진짜
공무원일지도…

무슨 얘기들이
그리 재미나지?

헉!
죄송합니다!

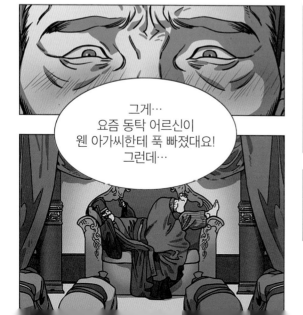

그게…
요즘 동탁 어르신이
웬 아가씨한테 푹 빠졌대요!
그런데…

초선(secret*cho)

1
게시물

1.92M
팔로워

1
팔로잉

SNS밖에 알려지지 않은데다
이름도 '초선'… 가명이라서
다들 그녀가 누군지 궁금해하고 있죠!

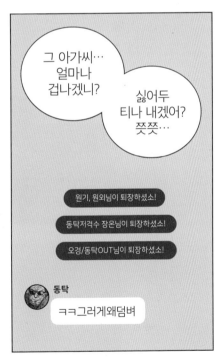

*동탁, 자신에게 싫은 소리 한 자들을 죽이다.

선배님!
누가 들으면
어쩌시려고…

배 째~
울 가족 다
동상국한테
죽었거든?

오늘도
욕들 봤어요~
나 먼저 들어가네~

고생
많으셨습니다~

조심히
가세요!

톡… 톡…

사도 어르신

왕초선
어르신.마쳤읍니다;

사도
아이고 고생했어요~^^

이 늙은이 모자가 뭐라고.
이 시간까지 애쓰셨어~^^

왕초선
곧 황궁서 큰 행사 있으니.
신경을 더 썼읍니다;

사도
고마워요~~^^
내 모자가 제일 빛나겠구면~^^

왕초선
그런데 어르신;
요즈음 머리칼 왜 이리 빠지십니까

모자에서 흰 터럭이 우수수,,

사도
에효~ 늙으면 다 약해지지요~^^
허리두 모근두~^^

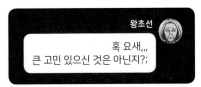

왕초선
혹 요새,,,
큰 고민 있으신 것은 아닌지?;

사도 어르신

사도
에에잉~ 먼 고민~^^
그런거 하나두 읎어요~^^

가정에두 평화~나라에두 평화~
다 우리 훌륭한 동상국 어르신 덕분이지요~^^

어린 황제폐하를~잘 보살피셔서리~^^

이, 이런…
추접한 자
같으니!

나라의 녹을 먹는 양반이…
짐승 동탁의 뒤를 빨어?!

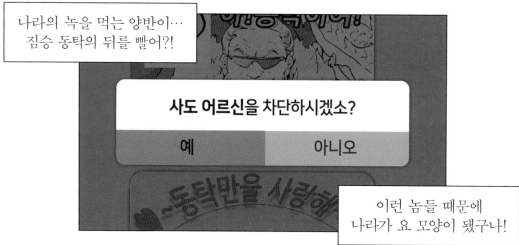

사도 어르신을 차단하시겠소?

예   아니오

이런 놈들 때문에
나라가 요 모양이 됐구나!

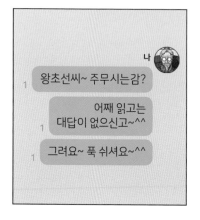

나

왕초선씨~ 주무시는감?

어째 읽고는
대답이 없으신고~^^

그려요~ 푹 쉬셔요~^^

휴우…

초선이 대체 누구야?

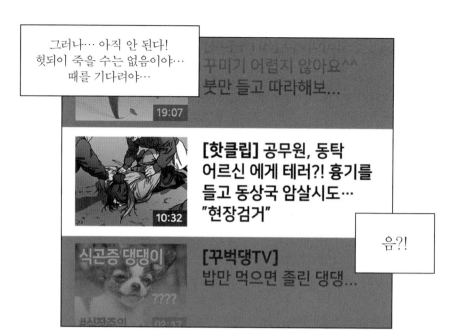

그러나… 아직 안 된다!
헛되이 죽을 수는 없음이야…
때를 기다려야…

19:07

[핫클립] 공무원, 동탁
어르신 에게 테러?! 흉기를
들고 동상국 암살시도…
"현장검거"

10:32

음?!

[꾸벅댕TV]
밥만 먹으면 졸린 댕댕…

[낙양TV] 공무원 순유, 동탁 어르신 암살하려다 "체포"

동탁군 / 호위병

야 눌러! 눌러! 칼부터 뺏어!
아니… 점잖은 분이…. 왜 이러셔?!

[낙양TV] 황문시랑 순유, 동탁 어르신 암살하려다 "체포"

순유 / 황문시랑

JOKKA 동탁 이 씨(욕설)라마!!!!!!

*〈정사〉 순유는 순욱의 조카. 평소 다정하고 조용했다고.
그러나 적의 성에 강물을 대 적군을 몽땅 물귀신으로 만드는 등 종종 과격한 전략을 썼다(나이는 순유가 더 많음).

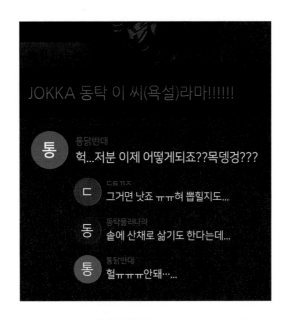

JOKKA 동탁 이 씨(욕설)라마!!!!!!

통 통닭반대
헉...저분 이제 어떻게되죠??목뎅겅???

ㄷ ㄷㅌ11ㅈ
그거면 낫죠 ㅠㅠ혀 뽑힐지도...

동 똥탁뮬러나라
솥에 산채로 삶기도 한다는데...

통 통닭반대
헐ㅠㅠㅠ안돼…..

…참을 수가 없다.
참아서는 안 된다!

이제… 동탁을
쳐야 한다!

… 그러나…

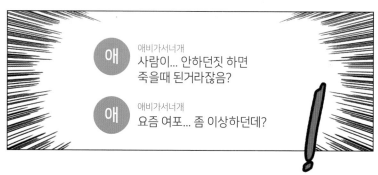

초선이 대체 누구야?

캬~ 어때요? 예술이죠?!

형수님이 다시 반하시겠네~

ㅊㅅㅇㅅㄹㅇ

공물보내기

여포 字 봉선

♥

나와의 채팅　프로필 편집　사진첩

근데 대장~ 형수님… 진짜 소개 안 해주심까?!

흐읍…

여포의 순정

[LIVE ●] 와앙~ 천하 꿀꺽하기 먹방 [동탁TV]

아~주
볼 만할 거야
ㅋㅋ

비켜
요 꼬맹아!!!

먼저 코찔찔이 황제를 옥좌에서 끌어냅니다.

[LIVE ●] 와앙~ 천하 꿀꺽하기 먹방 [동탁TV]

크흐흐!

빈 옥좌에 날름 앉으면 ★황제자리 꿀꺽★

멍청한 백성 놈들…
악플 엄청 달겠지?!
싹 다 죽여주마ㅋㅋㅋ

통   통닭반대
     동탁 미쳤냐

ㄷ   ㄷㅌㄱㅈ
     꺼져라

동   동탁물러나라
     역적동탁 사망기원

통   통닭반대
     잠깐만요 지금 택배가...

천하는…
우리 동씨의 것이다!

*〈연의〉 동탁. 어린 허수아비 황제 유협을 내쫓고 황제가 되고자 하다.

동탁 어르신 병력은
크게 두 그룹이다.

직접 키워낸
동탁군,

나중에 합류한…
우리 여포군.

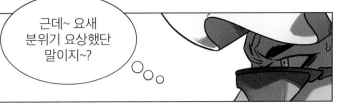

근데~ 요새
분위기 요상했단
말이지~?

어르신네 애들~
왜 잘난 척하나 했더니…

 동탁군/양주 남/ㅋㅋ

찐동탁군 모여라ㅋㅋㅋ
끕맞는 우리끼리 방 따로 팝시다~

자기들이 찐이고,
우리 여포군은
굴러온 돌이다 이거지?!

29

여포의 순정

대장,
저기요.

동탁
어르신하고…

요새
잘 지내는 거
맞죠?!

X꺄!
잘 지내지,
그럼?!

*여포, 자신의 양아버지 정원을 살해하다. 군사를 이끌고 동탁 밑에 들어가다.

아버진…
절대 나
못 버려!

워! 워!
아니 오늘 자꾸
왜 이러신데?!

누가
뭐라 했냐고요!

알죠.
대장이
힘 많이 쓴 거~

토닥
토닥

근데…
한번 삔또
상하면

땡~
쫑나는 게
인간관계라~

장안 외곽, 공터

조심하십쇼.
아버지 눈 밖에 날 짓은…
절대 하지 마요!

젠장…

끄억!

여포의 순정

*〈정사〉 여포, 감히 동탁이 맘에 둔 여인과 눈 맞다. 『삼국지연의』 '초선'은 이 사람을 모델로 만든 캐릭터.

응? 하하!
여보야.

왜 그래~?

장안(공사중)

동탁의 요새
만세오萬歲塢*

크하하하!

여보시오
왕사도!
나 어때?!

허허~ 어르신.
참으로
잘 어울리십니다.

*흔히 '미오성'이라고 부른다.

*동탁, 수도 낙양을 장악하며 수많은 백성을 죽이다. 장안으로 수도를 옮기면서도 무수한 백성을 죽이다.

그러나 어찌할꼬?!
여포가 지키는 한…

저놈에겐 손 하나…
댈 수 없는데…

음?
이게 뭐고?

바닥에…
흠집?

깊다!
칼? 아니…

창으로… 힘껏 내리친 것이야!

왕윤의 치명적인 유혹

장안 외곽, 공터

뭐?!
미친 거
아냐?!

동탁이…
여보한테…
창을
집어던졌다고?!

어.

여보네
아빠
돌았네!

왜 그랬대?!

아
몰라~

괜히 혼자
빡돌아서…

조금 전, 만세오

아버지

아버지
야임마녀심부름을이다구로
하면어저잔것이냐

여포
뭐가

아버지
내가황제관액스라지로
가져오랫지먼스몰로가
져왓냐머리에안들어간
다

여포
아ㅋ그거 엑스라지 맞는데ㅋ?

여포
아버지 머리 ㅈㄴ큼ㅋㅋ

이… 시건방진 X끼야!

나니까 피한 거다.

장난 아니라…
진짜 죽이려고 던졌어!

아…
아버지!
내가
잘못했어.

※⟨정사⟩ 여포가 사소한 실수를 하자, 동탁이 창을 집어던지다.
※※⟨정사⟩ 여포, 몸이 날쌔 다행히 창을 피하고는 즉시 동탁에게 빌다.

왕윤의 치명적인 유혹

에이~ 여보야~
나 괜찮아~

슬픈 사랑도
사랑이잖아?

근데… 나
되게 무섭다…

여보네 아빠
곧 황제 된다며?

힘 더
세지겠지?

맘먹으면…
나 찾아내겠지?
아 개싫어~ㅠㅠ

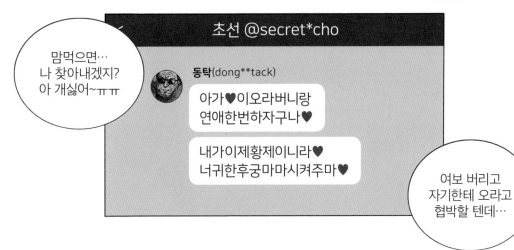

초선 @secret*cho

동탁(dong**tack)

아가♥이오라버니랑
연애한번하자구나♥

내가이제황제이니라♥
너귀한후궁마마시켜주마♥

여보 버리고
자기한테 오라고
협박할 텐데…

#불효커플 #환장의궁합

그럼 여보가
1인자 되는 거구~

우리 둘…
영원히 함께할 수
있을 텐데… ㅠㅠ

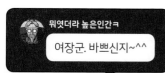

뭐엿더라 높은인간ㅋ
여장군. 바쁘신지~^^

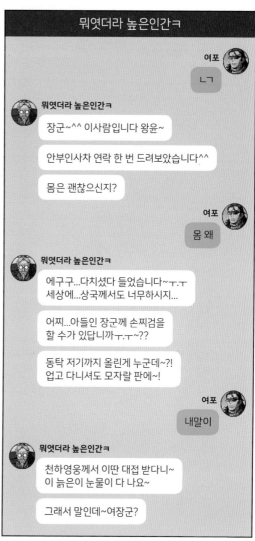

뭐엿더라 높은인간ㅋ

여포
ㄴㄱ

뭐엿더라 높은인간ㅋ
장군~^^ 이사람입니다 왕윤~

안부인사차 연락 한 번 드려보았습니다^^

몸은 괜찮으신지?

여포
몸 왜

뭐엿더라 높은인간ㅋ
에구구...다치셨다 들었습니다~ㅜ.ㅜ
세상에...상국께서도 너무하시지...

어찌...아들인 장군께 손찌검을
할 수가 있답니까ㅜ.ㅜ~??

동탁 저기까지 올린게 누군데~?!
업고 다니셔도 모자랄 판에~!

여포
내말이

뭐엿더라 높은인간ㅋ
천하영웅께서 이딴 대접 받다니~
이 늙은이 눈물이 다 나요~

그래서 말인데~여장군?

四.

동탁을 제거하라

폭군 동탁이 지배하는 장안

시…시 식… 식사 나왔습니다.

덜덜덜..

아이고~ 맛나겠네. 어서 드시지요.

우리 여장군~ 고기 즐겨 잡숫지요?

*〈정사〉 동탁에게 억눌려 있던 관리들, 왕윤을 필두로 들고 일어나다.

자객들
상태 왜 이래~
이 여포
무시해?

척 보니…
글이나 읽던
샌님들인데ㅋ?!

한번에 덤벼!
내 여친
배고프니까.

3초 만에
끝내주지 ㅋ

고기 식으면
맛없어~

으하하!
자객이라니?
섭한 말씀!

*⟨정사⟩ 왕윤, 초선에게 매달린 연의와는 달리, 직접 나서서 여포와 동탁 사이를 이간질하다.

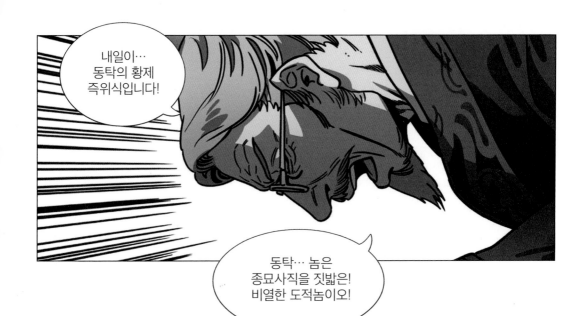

내일이… 동탁의 황제 즉위식입니다!

동탁… 놈은 종묘사직을 짓밟은! 비열한 도적놈이오!

황제와 태후를 살해하여… 힘으로 조정을 차지했을 뿐!

짐승을 죽여…

크하하! 길을 비켜라!

이 나라를 구해주십시오!

*동탁, 황제 유변과 하태후 모자를 죽이다. 어린 황자 유협을 꼭두각시 황제로 삼아 조정을 장악하다.

*〈정사〉 동탁, 여포가 작은 실수하자 방천화극을 집어던지다.

동탁 그놈이…
'제 가족'에겐
얼마나 후한지
아시잖소?!

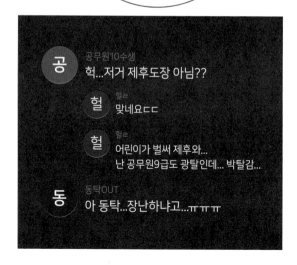

*〈정사〉 여포, 양아버지 동탁을 죽이라는 말에 머뭇거리다.

동락을 제거하라

초선 @secret*cho

동탁(dong**tack)
이븐아가잘잣느냐
간밤에니굼구엇다♥

초선(secret*cho)
아진짜 구질구질하네ㅠㅠㅠ
꺼지라고ㅠㅠ

남친이랑 데이트중♥

초선(secret*cho)
차단합니다 안녕😊

여포오오오오오
오오오오오오!
이 X끼
끌고 와아아악!

이러면…
동탁 죽일 수밖에
없지?

여보야~
너무 귀엽다!

여포의 연인
찐초선(가명)

뭘 망설여?
안 어울리게?

혹시
죽고 싶어?

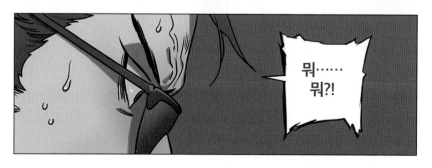

뭐……
뭐?!

아니~ 사람이 밥 굶으면 죽는 거지~

차려진 밥상을… 왜 마다할까ㅋ?

온 나라가 동탁 싫어하잖아ㅋㅋㅋ 국가적 왕딴데?

여보는 밥상에 숟가락만 올리면 되는데…

여장군! 동탁을… 죽여주시오!

동탁을 죽이는 게 겁나? 왜? 아버지라서?

제… 제가 대문 꽉 잠갔습니다!

즉위식 당장 취소하시고! 여기 꽁꽁 숨어 계십쇼!

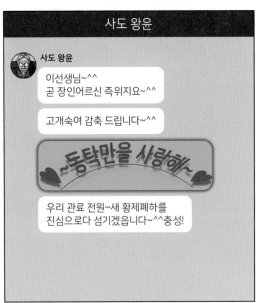

사도 왕윤

사도 왕윤
이선생님~^^
곧 장인어르신 즉위지요~^^

고개숙여 감축 드립니다~^^

~동탁만을 사랑해~

우리 관료 전원~새 황제폐하를
진심으로다 섬기겠읍니다~^^충성!

크하하하! 잘됐구먼, 뭘 그래?!

왕윤놈… 드디어 내게 무릎을 꿇었구나!

아악! 그럴 리가 없다니깐요?!

왕윤
(10년 전)

*〈정사〉 유약하게 묘사된 〈연의〉와는 달리, 실제로는 맹장猛將인 왕윤. 부패한 십상시가 황건적과 내통한 걸 목숨걸고 고발하다.「후한서」

죽음 앞에서도!
황제에… 나라에
충성했단 말입니다!

헤헤…
장인어른.
제발…
침착하십쇼.

근데 이토록 쉽게…
무릎을 꿇다니?!

저희…
여기까지 힘들게
올라왔잖습니까?!

뭔 꿍꿍이냐?!
이 늙은 여우야!

욕 잔뜩 처먹고!
사람 수없이 죽여서!

당장… 군사 풀어
왕윤을 체포하십쇼.

수상하다 싶으면
그 자리에서
죽이시고요!

*〈정사〉 왕윤, 십상시의 함정에 빠져 사형을 판결받다. 자결도 거부하고 버티다 죽기 직전에 풀려나다. 「후한서」

그리고 초선인가 하는 친구는…

여포랑 놀게 냅두십쇼!

여포와 병주군은… 꼭 곁에 두셔야… 악!

닥쳐라~ 이 망할 놈아~!

내가 황제다! 지존이다!

그런데 여포 같은… 개자식을 겁내랴?!

*〈연의〉 이유, 동탁에게 초선을 포기하라고 애원하다.

그 구질구질한 변방에서…
이 드높은 황궁에 도달했다!

이 동탁은…
하늘이 내린 사람이야!

망할 놈들아~!
문을 열어라~!

황제 동탁~
행차시다!!!

그 누구도!
어떤 인간도!

감히 나 동탁에게…
대들지 못하리라!

수도 장안, 황궁

강녀엉~? 친구야~?

난 노는 게 제일 좋아~ 까르르르르르~

황궁 육아 담당자 (자격증 없음)

우리 찐하게 놀아보자~ 모하구 놀까? 술? 담배?!

…됐다. 물러가라.

[고전][명강의] 노식쌤의 나라 다스리기

아, 뭐냐?! 친구 공부해?! 왜 해~ 때려쳐~ 극혐극혐~

백성들 잘 보살피는 법!!

썩… 나가라지 않느냐!

자~공부는 뭐다? 기쁨이다~ 집중해서 오늘 진도 나가봅시다!

헉! 내가… 무슨 짓을?!

동탁의 사람에게…

감히
손을 대다니!

야, 쥐방울~
왜 니가
황제야?

이제 우리
동탁 어르신이
황제지~ 어엉?!

칵! X도
아닌 게…

어엇?
대박
ㅋㅋㅋㅋ!!!

소식   지식인   솜씨   수폭

[속보] 동탁 황제즉위식   기사 더보기 >

동탁이 황제즉위식을 진행하는 모습이

동탁이 죽었다

으하하!
감 빡 왔어~!
귀찮은 애X끼
치워드리면~

울 동탁폐하
무지하게
기뻐하시겠지?!

걱정 마라
꼬맹아~ㅋㅋ
요새 굶어죽는
어린애들
짱 많아서~

니 하나 뒈졌다고
뉴스 안 나니깐…

끄어억?!

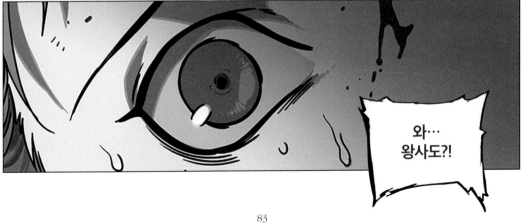

동락이 죽었다

지… 짐은… 괜찮지만
어쩌자고 이러십니까?!

상국께서…
화내시면 어쩌려고…

폐하…
크흐흑!

이제 더는…
동탁 눈치 보실 것
없습니다!

역적 동탁이…
죽었습니다!

즉위식 도중…
아들 여포에게
당했습니다.

동탁의 가족과
졸개들은… 모조리
잡아들이는 중입니다!

폐하… 3년간…
참으로…
고생 많으셨습니다…

동락이 죽었다

*〈정사〉 동탁이 죽자 백성과 선비들 기뻐하다. 시신 지키던 병사가 배꼽에 심지를 박아 불을 붙이니, 기름이 흘러 며칠이나 활활 불타다.

할아버지ㅠㅠ
동탁 없애주셔서
감사합니다!!!

괜찮아요~

복 받으실
거예요!

아이구~
허허~

엄청 무서웠어요…
친구들, 선생님…
동탁한테 다 잡혀가고…

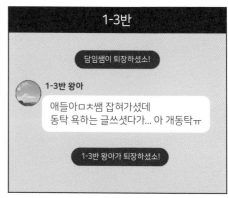

1-3반

담임쌤이 퇴장하셨소!

1-3반 왕아

애들아ㅁㅊ쌤 잡혀가셨는데
동탁 욕하는 글쓰셨다가… 아 개동탁ㅠ

1-3반 왕아가 퇴장하셨소!

진짜!
대박나세요!

헐 ㅁㅊ
여포 있어.

개무섭다, 빨리 가자.
아 나 초선언니랑
사진 못 찍었어ㅠ

동탁이 죽었다

헉! 잠깐!
이… 이분은?!
채옹 어르신!
맞으시죠?!

뭐요?!
그 유명한…
학자 채옹?!

마, 맞네!
뉴스에서 많이 봤어.
훌륭하신 분인데…

☰ 來利報 🏠➕

채옹

연관검색어 채옹 공부천재 서예천재 영자팔법 창시자
대채못하는게뭐옹 백개선생은재주가백개

채옹 학자
본명 채옹 字 백개
고향 연주 진류군
관련뉴스
[속보] 채옹, 동탁에게 맞선
노식 감싸
[속보] 채옹, 십상시에 맞서다
죽을뻔…

대체 왜?!
동탁놈을 위해
우신 거야?!

…죄인을
체포하라.

이름높은 학자
채옹 字 백개

*〈연의〉 채옹, 동탁 무덤 앞에서 통곡하다. 〈정사〉 채옹, 동탁 무덤 앞에서 탄식하다.

쯧쯧…
이 친구야!
무슨 짓인가?!

동탁은
용서 못 할
역적이네!

한데… 어찌
놈을 위해
울어?!

…예, 어르신.
제가
미친놈이지요.

다만…
너무나
안타까워서…

🌐 동탁

독독채옹선생맞습니가

이사람좀도와주쇼나랑
사업하나크게해봅시다

동탁이 천하의 괴물이나
처음부터 짐승은
아니었을 것입니다.

학자를 아낄 만큼
한때는 뜻이 있었던 이가…
이처럼 타락하고야 말다니…
쯧쯧!

*〈정사〉 동탁. 유명한 학자 채옹을 귀하게 여기다.

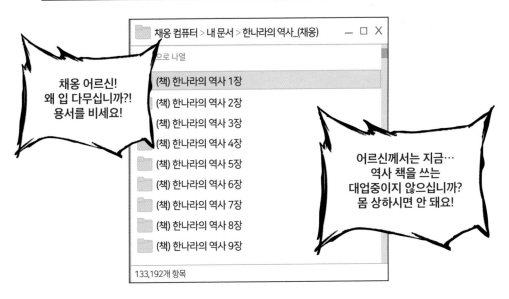

그래도 죄는 죄!
역적을 위해 눈물 흘린 벌로…
제 두 발목을 자르십시오!
아… 안 됩니다! 어르신!
채옹 컴퓨터 > 내 문서 > 한나라의 역사_(채옹)
으로 나열
(책) 한나라의 역사 1장
(책) 한나라의 역사 2장
(책) 한나라의 역사 3장
(책) 한나라의 역사 4장
(책) 한나라의 역사 5장
(책) 한나라의 역사 6장
(책) 한나라의 역사 7장
(책) 한나라의 역사 8장
(책) 한나라의 역사 9장
133,192개 항목
채옹 어르신! 왜 입 다무십니까?! 용서를 비세요!
어르신께서는 지금… 역사 책을 쓰는 대업중이지 않으십니까? 몸 상하시면 안 돼요!

*〈역사〉 한나라(전한)의 역사가 사마천, 황제에게 맞섰다가 노여움을 사 거세당하다. 평생을 바친 역사서 『사기』를 완성하다.

고맙네! 채옹!
하마터면 내가…
큰 실수를 할 뻔했네.

자네가
이 늙은이를
일깨워주었어!

암! 당연히
살려주셔야지!

휴, 다행….

네놈 같은
배신자는…

발도 손도 혀도
아랫도리도 아닌…

이 목을 싹
잘라야겠도다!

오냐!
네 글솜씨가
뛰어나긴 하지.

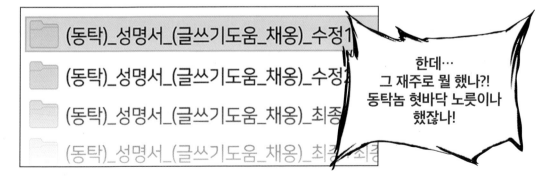

(동탁)_성명서_(글쓰기도움_채옹)_수정1

(동탁)_성명서_(글쓰기도움_채옹)_수정2

(동탁)_성명서_(글쓰기도움_채옹)_최종

(동탁)_성명서_(글쓰기도움_채옹)_최종최종

한데…
그 재주로 뭘 했나?!
동탁놈 혓바닥 노릇이나
했잖나!

*⟨정사⟩ 동탁, 조정에 일 생기면 매번 채옹을 시켜 발표할 글의 초안을 잡다.

*〈정사〉왕윤, 채옹 비난하다. "사마천이 감히 『사기』에 황제의 잘못을 낱낱이 적었듯, 그대는 간신이니 어찌 역사 기록을 맡기겠소?"
**〈정사〉〈연의〉왕윤, 기어이 채옹을 죽이다.

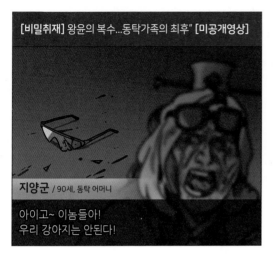

[비밀취재] 왕윤의 복수...동탁가족의 최후" [미공개영상]

지양군 / 90세, 동탁 어머니

아이고~ 이놈들아!
우리 강아지는 안된다!

[비밀취재] 왕윤의 복수...동탁가족의 최후" [미공개영상]

동백 / 초딩, 동탁손녀

히잉... 할머니이...
와, 왕윤 네 이놈...피도 눈물도 없는 놈!

천벌을 받아라!

…사도.
동탁을 치고…
역적들 잡느라
고생 많았어요.

그러나…
이제 그만
하시지요!

!

장안, 황궁 편전

매일 피바람이 부니… 백성들이 두려워합니다.

황제 유협

한데 동탁이 거느렸던… 병사들까지 죽이자니요?!

짐을 위해 애쓰시는 건 알지만… 피는 충분히 봤어요.

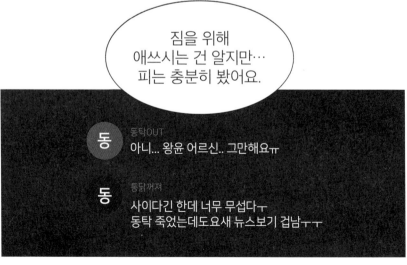

동 동탁OUT
아니… 왕윤 어르신.. 그만해요ㅠ

동 통닭꺼져
사이다긴 한데 너무 무섭다ㅜ
동탁 죽었는데도요새 뉴스보기 겁남ㅜㅜ

*〈정사〉 여포, 나라를 구한 공신 대접 받다. 분무장군, 가절, 온후 지위를 한꺼번에 받다.
**〈정사〉 여포, 동탁의 졸개들은 살려주려 하다.

*〈정사〉왕윤, 동탁 죽자 여포를 가벼이 보다. 태도를 바꾸어 한낱 칼잡이로 대하다. 「후한서」

*〈정사〉 동탁군, 몰래 장안을 빠져나가다.

허… 으하하! 한심한 놈들!

죽음이 그리 무섭더냐?!

경하드립니다! 폐하!

그 쥐X끼들은… 다신 이 장안에 발 붙이지 못합니다!

태평성대를 누리소서! 만세! 만세! 만만세!

와~ 할배 왕재수. 죽는 게 무섭지 그럼?!

망할… 진심? 이각, 곽사!

그 미친개들이… 꼬리 말고 튀었다고?

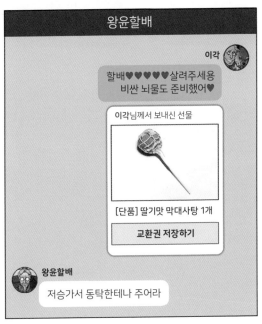

*〈정사〉 이각과 곽사, 왕윤에게 빌었으나 용서받지 못하다.

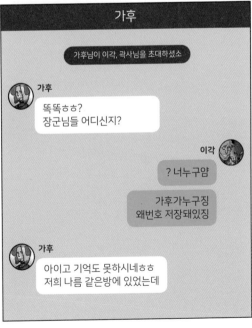

*동탁이 죽기 전, 이각과 곽사가 맡았던 임무는 주변 마을을 터는 노략질. 도적떼나 다름없었다.

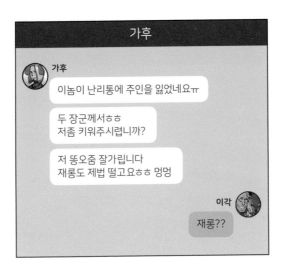

*가후, 동탁의 사위 우보 밑에서 일했다. 우보 역시 왕윤을 피해 장안에서 도망쳤으나, 도망중에 그의 재산을 노린 부하 손에 살해당했다.

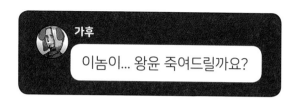

가후

이놈이... 왕윤 죽여드릴까요?

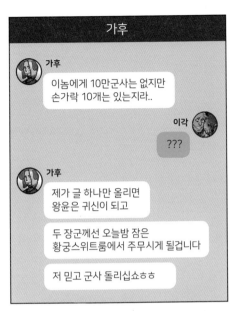

가후

가후
이놈에게 10만군사는 없지만
손가락 10개는 있는지라..

이각
???

가후
제가 글 하나만 올리면
왕윤은 귀신이 되고

두 장군께선 오늘밤 잠은
황궁스위트룸에서 주무시게 될겁니다

저 믿고 군사 돌리십쇼ㅎㅎ

가후
이놈 솜씨...
구경만 하시지요~ㅎㅎ

이… 이게
무어냐?!

실시간 급상승 | 1위 **왕윤 싸패** NEW

BEST TALK

[긴급] 왕윤은 싸이코패스입니다 [퍼뜨려주세요] (17,251)
글쓴이 왕윤OUT

너무 놀라서 글씁니다
제가 직장이 황궁인데요 비밀얘기 들었어요

왕윤이 지금 동탁패거리 죽이잖아요
근ㄴ데동탁 고향이 양주잖아요??

**양주출신 백성들도 싸그리
죽여버릴꺼래요ㅠㅠㅠㅠ**

저도 고향 양주인데... 어떻게 이럴수가 있죠ㅠㅠ
빨리 퍼뜨려주세요ㅠㅠㅠㅠㅠㅠㅠㅠ

| 좋소이다 😊 137,192 | 싫소이다 😡 18 |

첫댓글 | **최신순** | 인기순

빵떡맹떡
헐ㅁㅊ어떡함??나 고향 양준데??
일단 퍼갑니다 방금 전

LO여보VE
내 아내도 양주런데 왕윤 개싸이코다 진짜 1분 전

익명320
동탁보다 ㅅ;ㅁ하다 이게 나라냐??? 3분 전

---

*〈정사〉 왕윤이 동탁의 고향인 양주 출신 사람들을 모조리 죽일 거라는 헛소문이 퍼지다.
**〈연의〉 그 소문의 출처는 동탁군이다. 『삼국지톡』에서는 가후가 범인.

당했다!
이런··· 마귀 같은!

누구의 꾀냐?!
이각, 곽사는 아닐 터!

 조번
응 왕윤피셜~ 안믿어

 제장
너같음 믿겠냐ㅠㅠ
할머니 어린이 다죽이는거 봤거든??

 유이
죽기싫어ㅠ차라리 나도 동탁군 들어갈 걸

 조번
동탁군 지금 장안오는 중이래요

 유이
오오오오오오 입대합니다

 화문
!!!!!<퍼뜨려주세요>!!!!!
장안에서 도망치려는 양주러들!!!
우리가 왜가요 힘들게 이삿짐싸지 마세요

 화문
빠루들고 황궁앞에서 모입시다
싸이코패스 왕윤 끌어내고
어린 황제폐하를 지키자!

좋소이다 😊 1,920   싫소이다 😠 18

쯧쯧···
왕윤
어르신.

...

참으로
딱하신 분!

112

삼국지록

*〈정사〉 이각과 곽사가 이끄는 동탁군, 장안으로 돌아가는 길에 점점 수가 불어나 대군이 되다.
**〈정사〉 가후 "이것은 오직 목숨을 구하는 계책일 뿐입니다"라고 하다.

*〈정사〉 도망치던 이각과 곽사, 가후의 조언을 듣고 군사들과 장안을 치다.

함정에 빠진 여포

종남산

까야앙~!
얘들아 튀어~!
여포 무서워어엉~~!

전군!
퇴각하라!

?! 뭐야? 머저리들…

왜 둘이 각자
딴 방향으로 튀는데??

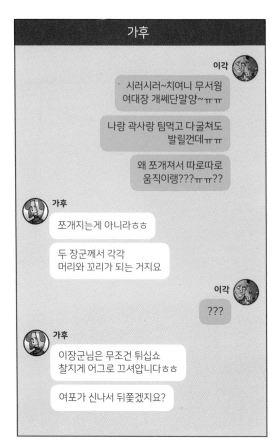

가후

이각
시러시러~치여니 무서웡
여대장 개쎄단말양~ㅠㅠ

나랑 곽사랑 팀먹고 다굴쳐도
발릴껀데ㅠㅠ

왜 쪼개져서 따로따로
움직이랭???ㅠㅠ??

가후
쪼개지는게 아니라ㅎㅎ

두 장군께서 각각
머리와 꼬리가 되는 거지요

이각
???

가후
이장군님은 무조건 튀십쇼
찰지게 어그로 끄셔얍니다ㅎㅎ

여포가 신나서 뒤쫓겠지요?

가후
그때 곽장군이...
여포 등뒤에서 뙇!

동탁군 책사
가후 字 문화

한심한 것!
방심했구나, 여포!

*〈연의〉곽사, 몰래 길을 돌아가 여포군 후미를 치다.

*〈연의〉 곽사. 여포가 싸우려 하자 도망치다.

*〈연의〉이각. 여포에게 돌과 화살을 던져 발목 잡다. 여포가 싸움을 걸자 또 얼른 도망치다.

슬슬… 장안에서
연락 갈 때 됐는데ㅎㅎ?

컹!

컹!

컹킹!

컹!

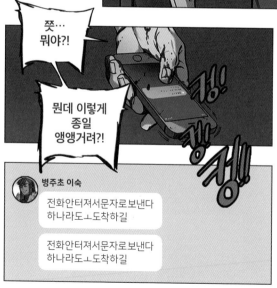

쯧…
뭐야?!

뭔데 이렇게
종일
앵앵거려?!

캥!

앵앵!

병주초 이숙

전화안터져서문자로보낸다
하나라도ㄴ도착하길

전화안터져서문자로보낸다
하나라도ㄴ도착하길

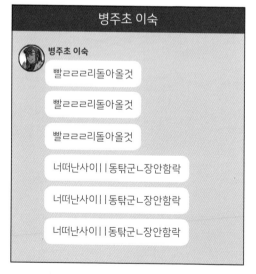

병주초 이숙

병주초 이숙

빨르ㄹㄹㄹ리돌아올것

빨르ㄹㄹㄹ리돌아올것

빨르ㄹㄹㄹ리돌아올것

너떠난사이ㅣㅣ동탁군ㄴ장안함락

너떠난사이ㅣㅣ동탁군ㄴ장안함락

너떠난사이ㅣㅣ동탁군ㄴ장안함락

*〈연의〉 이각, 곽사가 여포를 유인하는 사이. 동탁의 또다른 부하들이 장안을 접수하다.
**이숙 : 여포의 부하. 같은 고향 선배.

첨부사진_장안.png

병주초 이숙
왕윤ㄴ황제게납치됐ㅅ고

초선ㄴㄴ제수씨ㅣㅣ실종

함정에 빠진 여포

수도 장안

소문난 배신자

故동탁의 부하
장제

여포 장군님
아니신가~?!

왜 이리 늦으셨어~
오다가 급똥이라도
때리셨나 그래?!

故동탁의 부하
번조

크큭…

충신
왕윤

어린 황제
유협

*〈연의〉 여포가 자리를 비운 사이 장제와 번조가 장안을 점령하고 왕윤과 황제를 붙잡다.

떠돌이 여포

*이각과 곽사, 장안 포위하다.
〈연의〉 성 밑에서 검으로 왕윤을 죽이다.

*〈연의〉 이각, 왕윤과 황제에게 "상국 동탁은 그저 나라를 위해 애썼건만 왜 죽였소?"
"(동탁에게 죄가 있다 한들)나 같은 아랫것들은 왜 벌하려 했소?" 따지다.

*함진영 : 고함 한번만으로 일사불란하게 움직였다는 정예군.

장군을
구하라!

택!

우리의
새 주인이신…

여포 장군님을
구출하라!

엥?!

*〈정사〉 충직한 고순, 여포를 따르다. 도대체 왜, 언제부터 따랐는지는 불명.
『삼국지통』에서는 장안 탈출 때 합류하다.

뭐야?
대대장… 고순?!
저거…
맛탱이 간 놈!

아버지… 아니, 동탁한테도
모가지 안 굽히던 꼴통이…

뭐, 주인?!

장군! 거듭
송구합니다!
저희 숫자가
부족하여…

지금 장안과
황제를
구할 수는
없습니다.

그러나 이 고순!
목숨을 바쳐…
장군만은 무사히
구출하겠습니다!

여포··· 여포!

이 땅의 중생들은 버림받았다.
어떤 기원도 소용없었다.

그러나 여장군···
그대가 하늘을 대신하여

재앙 동탁을, 한 줌 티끌로
돌려놓았습니다!

장군께서
곧 저의 부처요,
도리입니다.

뭐래?!
미친놈이···

저기요!
빡빡이 어르신!
죄송한데!

*여포. 이상하게 고순을 꺼렸다고.

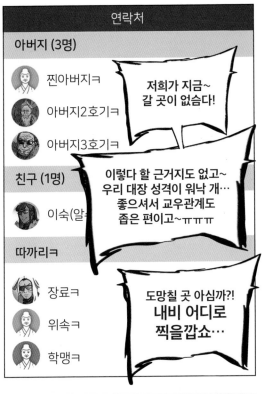

*〈정사〉 여포의 아내, '방서龐舒'라는 자가 숨겨주어 장안 난리통에서 무사히 빠져나오다. 정체는 불명.

*〈정사〉 여포, 장안에서 달아날 때 동탁 머리를 챙기다. 「후한서 여포전」

*〈정사〉 동탁. 원술의 이복형인 원소가 반동탁연합을 결성했다는 죄를 물어 원씨 집안을 말살하다.

*〈정사〉 여포, 원술에게 가서 동탁 죽인 덕을 보고자 하다.

*원술. 남쪽 유표한테 부하 손견을 잃고 길막당하다. 대신 북쪽 연주 땅 먹으려고 군사 움직이다.

한편, 장안에서 서쪽으로 떨어진

연주 복양.

소식 지식人 솜씨 수포추 민화/패관문학 시 ∨

[속보] 동탁 죽었는데... 장안, 다시 개판(1보)

동탁부하 이각,곽사 황제납치..."황궁에서 떵떵"

기사 더보기 >

[사진] "살려줘!" 어린황제, 구해줄 영웅없나?

줘!" 어린황제, 구해줄 영웅없나?

음! 어르신.
이걸로
닦으시지요.

조조의 장수
악진 字 문겸

연주의 지배자
조조 字 맹덕

감축드립니다.
역적 동탁이
드디어 죽었군요!

아니!
황제는
여전히
포로야.

장안은 지옥이고…
이각, 곽사는
제2, 3의
동탁이지.

조정은…
여전히 적들
손에 있군.

헐! 발받침?!
대반전!

악 장군님ㅋㅋ
숏다리 실화냐?!

캭 조용!
죽고 싶냐?!

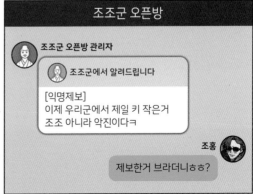

조조군 오픈방

조조군 오픈방 관리자

조조군에서 알려드립니다

[익명제보]
이제 우리군에서 제일 키 작은거
조조 아니라 악진이다ㅋ

조홍

제보한거 브라더니ㅎㅎ?

*〈정사〉악진. 담력은 컸으나 몸집이 작았다.「악진전」
(평균 신장이 작았던 그 옛날, 기록에 남을 정도면 정말 작았던 듯.)

*〈정사〉 조조. 청주 황건적 소탕하다. 병졸 30만과 따르는 백성 100만을 포로로 잡다. 「무제기」

어억!

자사 어르신!
이자가
도적떼
두목입니다.

크헝!

심문
하시지요!

흥!
심문은 무슨…
죄다
목을 쳐라!

그러나…
목 100만 개 따기도
일이겠군! 어떠냐?!

쓸 만한 재주가
있는 자는…
내 무조건 살려주지!

뭐야?!

카악! 퉤!
몹쓸 놈아!

우리가
무식해두
다 알어!

너 같은 높은 놈들…
천하를 두고
개싸움중이지?!

눈깔 있으니 봐라!
여기 어디에…
세상 꿰뚫는 책사나
무술 뛰어난 장수가
있느냐?!

땅 잃고 떠도는…
무식한
농사꾼들뿐이지!

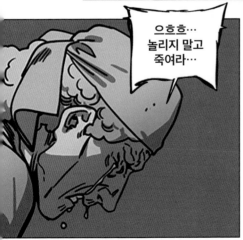

으흐흐…
놀리지 말고
죽여라…

음!
합격!

어엉?!

뭐… 뭔 짓이냐?!
뭔 꿍꿍이야?!

저 태어나서
변비 걸려본 적
없는데ㅜㅜ

캬~ 신진대사
활발해! 합격~!

우릴 다
죽이겠담서?!

내가 언제?
재주 있는 자는
살려준다 했잖나?!

천 명의 책사?
만 명의 장수? 좋지!

허나 지금… 이 조조에겐
다른 것이 더 필요하다!

따!

151

다스림의 요체는
언제나 백성.

내가 군사로 점령한 곳에,
내 백성이 씨 뿌리며 살아야

비로소 내 땅이 되는 법!

네놈들은
도적들!
백 번 죽어
마땅하다!

허나 내가 살려주마!
천금보다 귀한
목숨값을 갚는 길은

…단
하나뿐!

나의 땅
연주에 정착해…
농사를 지어라!

*〈정사〉 조조, 청주 황건적을 거두다. 굶주린 채 일 없이 떠도는 백성들을 거두고 농사에 힘쓰고,
그를 바탕으로 군사를 기르는 목적을 한번에 이루고자 하다. 「모개전」

ㅇㅋ 이 몸이 쏜다!
가자 브라더!
5성급 호텔 보석사우나!
별이 다섯 개 ★★★★★

좋다! 어으~
몸 띠기간다!

기간 가 막고
십 여도 원싯하고~

조홍, 손 치워라.
나 니 주군이다.

엥?!

앞으로…
밖에서는
존대해라!

하후돈!
하후연! 조인!
너희도
마찬가지다.

서운하냐?
참아라!

나는 평생 신하요, 장수였다.
군사들은… 지휘하면 그만!

그러나 이제 백성을 얻었다.
앞으로는… 통치를 해야 해!

그러려면 위엄을 세워야 한다.

조조!
이 천한
놈아!

연주에는… 아직 날
무시하는 자들뿐!

얕보여선 안 된다.
무엇도
이룰 수 없다!

우린 조조한테
인생 베팅했어!

내게 인생 건 네놈들과,
무엇보다 바로 날 위해서!

조가, 하후가…
우린 한 핏줄이나 이제
군신의 예로 대하자.

내게
우애가 아닌
충성을 바쳐!

날 위해
살고…
날 위해
죽어라.

필요하다면…
서로를 버려서
날 지켜라!

155

조조 어르신께 올인

나도 살기 위해… 너흴 기꺼이 버리마. 다시! 그런 추태 부리지 않겠다!

멍청아… 조홍! 날 버리고 가라!

꺄아아악 시러! 브라더!

우리가 비록 태어난 곳은 같으나…

서로 다른 날, 다른 곳에서 죽자.

너희 목숨을 갈아넣어, 이 조조를 패왕으로 만들라! 알겠나?!

*〈연의〉조조, 전투에 패해 다치다. 조홍에게 힘없이 "나는 죽게 두고 가라" 하다.
**〈정사〉진궁, 조조에게 연주를 바치며 권하다.
"연주 지배자가 되시어, 천하를 거두는 바탕으로 삼으십시오. 이는 패왕霸王의 업業입니다." 「무제기」

조조 어르신께 올인

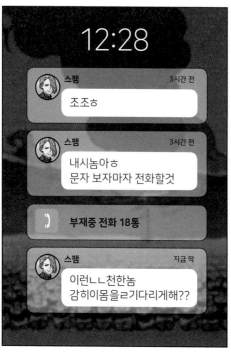

불편한 동거

오냐!
한번 더 말해주마.
연주 땅을
내놓아라!

그럼
네 목숨만은
살려주마!

걱정 마라! 이 원술의 적은
원소, 그 종놈이니.

원소 (기주)

조조 (연주)

먼저 연주를 먹겠다.
그뒤… 기주를
쑥대밭으로 만들어주지!

하늘의 뜻은 내게 있다.

연주 백성들도… 조조,
너 같은 천것보다 날 반길걸?

순순히
무릎 꿇어라!
안 그럼 지옥을
볼 테니…

뭐래
이 미친놈이?

내시놈ㅋ

통화가 종료됐소이다!

취소

악!
천한 것!
감히 먼저
끊어?!

여봐라!
당장 연주로
진격하라…
음?!

뭐라는 게야?!
이 미친것이!

(알수없음)

(알수없음)
원술아 여포형이다ㅋ
내가 너대신 동탁죽인거 알지ㅋ

사랑해요
원♡술

인사됐고ㅋ땅좀주라ㅇㅋ?

*〈정사〉 원술, 조조를 치고자 연주 진류로 진격하다.
**〈정사〉 여포, 모든 걸 잃고 떠돌이가 되다. 동탁의 원수인 원술에게 의탁하고자 하다.「여포전」

장안 외곽

아악!
망할 X끼!
감히 날
차단해?!

하긴~ 동탁 미우면
동탁 아들도 밉지~ㅠㅠ
여보 강 알바나 해~

안 돼!
나 여포야!

여포
알바구함 사람잘죽임ㅋ

흥!
두고 봐라!
세상에 원씨가
너 한 놈
뿐이냐?!

엥?!

*〈정사〉 원술, 의리 없는 여포를 꺼리다. 그를 거절하며 받아들이지 않다.「여포전」

기주, 업성
(원소의 근거지)

넌
끝장이니라!

이런…
맙소사!

기주의 지배자
대명문가 원씨 집안
원소 字 본초
(원술의 이복형)

거대 도적단
흑산적

크하하핫!
원소 이놈아!
숨어도 소용없다!

*〈정사〉 원소 근거지 업성. 거센 흑산적의 공격을 받다.

방심했다! 한낱 도적떼가…
나를 이토록 몰아붙이다니?!

[속보] 공손찬, 흑산적과 손잡아
"원소 숨통 틀어막을것"

네티즌 "공손찬, 인성뭐냐" "도적이랑 손잡다니"

공손찬… 그대 정말 비열하군!

이 성이 함락되면…
모든 게 끝이다!

헉! 웨…
웬놈이냐?!

치! 치치…
침입자다!
죽여라…
커억!

No way! 침입자라니?
적들인가?!

?!

*〈정사〉 원소의 라이벌 공손찬, 흑산적과 손잡다.

[속보] 충격! 여포와 프린스원소, 한솥밥 먹는다

"미남과 야수?!"
기주목 원소,
떠돌이 여포 "깜짝영입"

여포 / 동탁아들

캬~ 이 어르신(원소)사람 볼 줄 아시네~!

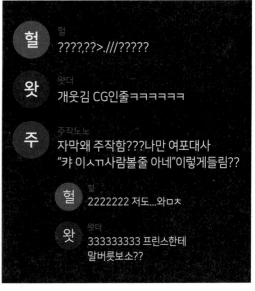

헐
????,??>.///?????

왓더
개웃김 CG인줄ㅋㅋㅋㅋㅋㅋㅋ

주작노노
자막왜 주작함???나만 여포대사
"캬 이ㅅㄲ사람볼줄 아네"이렇게들림??

헐
2222222 저도...와ㅁㅊ

왓더
333333333 프린스한테
말버릇보소??

*〈정사〉 여포, 원소를 공격하던 흑산적을 치다.
**〈정사〉 원소, 여포를 받아들이다. 사례교위로 임명하다.

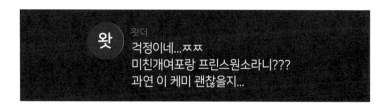

*〈정사〉 여포, 원소 모시는 장졸들 무시하다.
** "내가 원씨 집안을 구한 은인이다"며 삐기다. 「여포전」

처음에는…
죽일 생각은 없었다.

기주의 지배자
원소 字 본초

반동탁연합 맹주였던 나와
짐승 동탁을 죽인 여포라니!

이 얼마나 환상적인 팀인지?

그러나 여포…
그대는 날 실망시켰다!

얼마 전

책사 곽도

어르신ㅎㅎ재밌는거 보실래~?

첨부파일_속닥속닥.mp4

여포부하 장료 : 아... 대장ㅜㅜ제발 조심하십쇼 예?

첨부파일_속닥속닥.mp4

여포부하 장료 : 왤케 잘난척을 하십니까
우리 없어사는 마당에...ㅜㅜ

여포 : 푸핫! 시껌마~
여기놈들 다 짭이야짭! 난 찐이고!

첨부파일_속닥속닥.mp4

여포 : 그래서? 니 내
"심부름" 잘 하고 있냐?

※〈정사〉여포. 원소 부하들 깔보다. "어찌 나와 그들이 같은가? 나는 황제로부터 진짜 벼슬을 받았으나.
놈들은 원소가 멋대로 임명했는데?"「여포전」

쓸 만한 놈 많이 모임ㅋ?!

여포! 날 무시하는 것도 모자라…
내 피를 빨아 군사를 키워?!

이런… 여장군!
많이 취하셨군요
^^

어엉?!

제군들!
장군을 방까지
모셔다드리게.

호위는
많을수록 좋겠지?
귀한 손님이시니!

*〈정사〉 여포, 군사를 모으니 원소가 꺼리다. 거친 여포군, 기주 백성들을 약탈하다. 「여포전」

공손찬을 죽여라

그 누구도… 깨어 있는
여포는 죽이지 못할 테니^^

도… 동작
그만! 됐다!

흥!
천하의 여포도…
이만하면
뒈졌겠지…

어억?!

*〈정사〉원소, 호위 30여 명을 붙여 여포를 배웅하다. 여포가 잘 때 암살하도록 명하다.「여포전」

아니~
내가 뭘
잘못했냐고오~?

뭐라고?!
여포를
놓쳐?

죄… 죄송합니다!
쫓아가긴 했는데…

다들 여포한테
쫄아서… ㅠㅠ

여포에 흑산적에…
모든 게 엉망이군!
이런 때에
공손찬이라도
쳐들어왔다간…!

어엉-

원소군 친목방

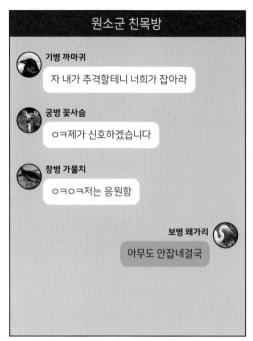

기병 까마귀
자 내가 추격할테니 너희가 잡아라

궁병 꽃사슴
ㅇㅋ제가 신호하겠습니다

창병 가물치
ㅇㅋㅇㅋ저는 응원함

보병 왜가리
아무도 안잡네결국

책사 순심
어르신 이 거 빨리확인
[오늘자 뉴스캡쳐.png]

…?!

……
……
세상에…
맙소사!

푸하하핫!

어…
어르신?!

*〈정사〉 원소군, 여포가 두려워 감히 다가가지 못하다. 「여포전」

아, 나의 벗 아만!

넌 내게 오만하다 말했지.

그러나… 얼마나 놀라운지?!

내게 맞섰던 십상시, 한복, 손견, 동탁…

날고 기던 자들이 모두 쓰러졌다. 나의 칼에… 혹은 제풀에!

그리고 이토록 완벽한 타이밍에…
하늘이 내 최대의 적,

[속보] 공손찬때문에 유주는 "지옥"

공손찬을 버리시다니?!

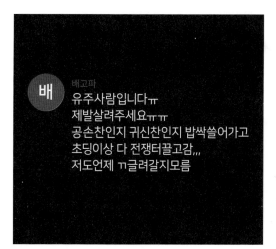

배

배고파
유주사람입니다ㅠㅠ
제발살려주세요ㅠㅠ
공손찬인지 귀신찬인지 밥싹쓸어가고
초딩이상 다 전쟁터끌고감,,,
저도언제 ㅠ글려갈지모름

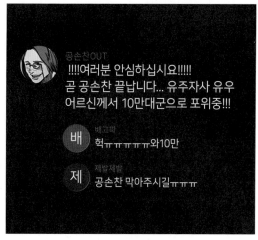

공손찬OUT
!!!!여러분 안심하십시요!!!!!
곧 공손찬 끝납니다... 유주자사 유우
어르신께서 10만대군으로 포위중!!!

배

배고파
헉ㅠㅠㅠㅠ와10만

제

제발제발
공손찬 막아주시길ㅠㅠ

*〈정사〉유주 실력자 공손찬, 힘을 키우느라 백성들 착취하다. 수많은 사람들 굶어죽다.
**〈정사〉인격자로 소문난 유주자사 유우, 아랫사람인 공손찬을 토벌하고자 군사 일으키다.

아만ㅎ
네가 나라도…

하늘은
이 원소 편이라고
믿지 않겠나?!

하!
10만이라…
제법이군?

유주의 장수
북방의 귀신
공손찬 字 백규

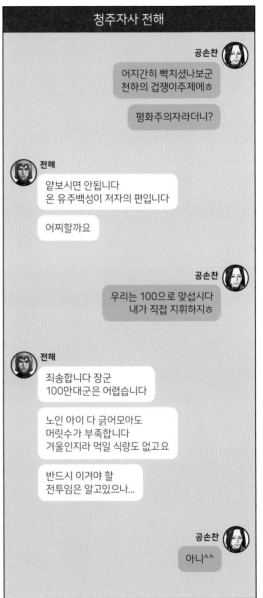

청주자사 전해

공손찬

어지간히 빡치셨나보군
천하의 겁쟁이주제에ㅎ

평화주의자라더니?

전해

얕보시면 안됩니다
온 유주백성이 저자의 편입니다

어찌할까요

공손찬

우리는 100으로 맞섭시다
내가 직접 지휘하지ㅎ

전해

죄송합니다 장군
100만대군은 어렵습니다

노인 아이 다 긁어모아도
머릿수가 부족합니다
겨울인지라 먹일 식량도 없고요

반드시 이겨야 할
전투임은 알고있으나...

공손찬

아니^^

공손찬을 죽여라

꼴사나운 동정심

*〈정사〉 유우, 군사들이 나아갈 때 백성들의 재산을 해치지 못하게 하다.

*〈정사〉 유우, 백성들을 괴롭힌 공손찬을 치다. "오늘 죽는 것은 오직 공손찬뿐이오!" 선언하다.

대체
누가…!

고…
공손장군?!

자네가…
어찌 벌써…

꼴사나운 동정심

네, 네 어찌···
사람의
탈을 쓰고
이럴 수가!

하! 왜
야단이지?!
고작 마을 하나
불탄 게 아닌가?!

아하! 저 마을에···
미처 도망치지 못한

늙고 병든 백성들이
남아 있었기 때문인가?!

전투에 앞서
민가를 부수는 건
병법의 기본!

적의 손에
들어가면
골치 아프니.

왜 마을 놈들을 내쫓고
집을 불태우지 않았지?!

*공손찬, 민가마저 불태워 유우의 퇴로를 차단하다.

그랬다면…
저자들은
집 잃고 떠돌망정

저리
타죽지는
않았을 터!

유우!
그대의 알량한
동정심이…
사람들을
불구덩이에
처넣었도다!

참으로
형편없구나!

[속보] 공손찬, 메신저 프로필 변경
"처형날 비가 오면 역적 유우 안 죽인다"

기사 더보기 >

 공손찬 ｜ 내일 비 오면 살려줄까ㅎ?

네티즌 "이게 뭐야...장난하시나"

"공손찬, 진정성 의심돼"

내일 날씨

쨍쨍 맑아요!

오늘 ◉ 맑음　내일 ◉ 맑음　모레 ◉ 맑음　글피 ◉ 맑음

코디추천 한마디

비와라 제바류ㅜㅜㅜㅜㅜ

ㅈㅂ 하늘도 유우어르신 버렷나ㅜㅜㅜ

감옥
(냉골)

*〈정사〉 공손찬, 길거리에서 조롱하듯 외치다. "유우가 장차 황제가 될 자라면, 하늘은 비를 내려 구하소서!"

아차…
죄송합니다.
손이
불편하시지요?

드세요.
밤이
춥습니다.

자…
자네는!

압니다.
제가 드리는 건
영 껄끄러우신 거…

공손찬 학교후배
겸 따까리
유비 字 현덕

그래도 드시지요.
독 안 탔습니다.

평원상 유비!
공손찬의 사람이… 어찌 내게?!

유비…
이자도 나처럼
황손이라
하던데…

제가 춥게
살아봐서
아는데

몸이 추우면…
마음부터
약해지더라고요.

20살 유비
(흙수저, 대학 중퇴)

내 고향 탁현은···
겨울이 너무나 길었다.

유가네 짚신

고객질문 게시판

익명 질문 (1)	∨

★☆☆☆☆
야 장사 이따구로 할래
짚신 시킨게 언젠데 아직도 안와

매니저 유비
죄송합니다 집가스 끊겨서ㅠㅠ
추위로 손이 곱아서 속도가 느리네요
환불해드리겠습니다ㅠㅠㅠ

가난한 집··· 스스로 꺾은 꿈.
용기를 내려고 해도,

영혼마저 얼어붙는 듯했지.

*가난한 유비, 짚신과 돗자리 팔아 생계 꾸리다.
**유비, 친척 돈으로 좋은 학교에 어렵게 들어갔으나 스스로 그만두다.

선배님껜 비밀인데…
저, 어르신의
숨은 팬입니다.

딱 어르신처럼…
불의와 싸우고,

백성들을 보듬는 게
제 어릴 적
꿈이었거든요.

허! 듣던 대로…
재밌는
젊은일세?

고 못~돼먹은
공손찬이랑은
딴판이구먼!

^^;

그러나 유현덕, 자네… 날 살려줄 마음은 없는 게지?

관우, 장비. 내 아우들 손에 쇠창살은 엿가락처럼 휠 거다.

그러나 선배의 분노가… 나와 내 한줌짜리 사람들을 불태울 터!

… 그럼 쉬시지요. 간수가 난로를 가져올 겁니다.

가문도, 벼슬도… 저 어르신 발꿈치 때만도 못한 내가

감히 허튼 꿈을 꾸었다.

쥐뿔도 없으면서 난세에 사람답게 살려 하다니…

분수도 모르는 놈을 기다리는 건… 차가운 죽음뿐인 것을!

유현덕씨.

멈칫…

나는 내일… 맑았으면 좋겠는데?

자네 선배가… 어디 날씨 따라 자비를 베풀 사람인가?

날 살려줄 맘… 애당초 없는 것 아네.

*⟨지리⟩ 유주 계현은 겨울 강수량이 매우 적다. 추운 음력 10월이니 눈이 왔을 것.

그리고…
비는 싫어.
이 겨울에
비가 왔다간…

추위가
뼛속까지 스미고…
백성들은 길에서
얼어죽을 게야.

나 살자고…
내 사람들을
고생시킬 수는
없네.

아이고야~
하늘이시여,
감사합니다.

네이버 유주일보

[속보] 기적은 없었다...유주 오늘 날씨 "맑음"

기사 더보기 >

공손찬 "비 오지 않았으니... 예정대로 유우 처형할 것"

유주자사 유우, 기어이 처형대 올라
백성들 몰려들어... "우리 어르신 살려달라"

하! 우습군.
날이 맑다 못해
덥다니?

꿀꺽
꿀꺽

하늘도
저 위선자가…
참으로 싫으신
모양이다!

오른팔
전해

따까리
관정

북방의 귀신
공손찬 字 백규

*〈정사〉 당시 음력 10월의
겨울인데도 날이 무더웠다고.

봐라! 비야!
저 역적의
뒷모습을.

꼴사납게…
맑은 하늘만
쳐다보고
있구나!

하하…
긍가요…

하늘이 유우를 버렸다!
비는 오지 않았노라.
뭘 더 기다리나? 여봐라!

쨍그랑!!

저자의
목을 쳐롭…

탭

저어! 근데요,
선배님!

제가 생각해봤는데요! 저 노인 냅두고…

저랑 사냥이나 가시죠? 예?!

캬 보세요 날 맑은 거~! 하늘도 선배님 편인데~ 저 힘없는 노인네 왜 신경쓰심까?!

걍 냅두시죠ㅎㅎ 죽여봤자 노이득~ㅠㅠ

옳소! 살려주시오!

제발… 유우 어르신 죽이지 마셔요!

*(정사) 유주 백성들, 자기들을 인덕으로 감싸준 유주자사 유우를 진심으로 지지하다.

*유비, 백성들을 괴롭히던 독우 팼다가 벼슬 잃고 지명수배자 되다.

하! 관우! 장비!
그대들의 맏형은…
못 말리는 겁쟁이로군!

걸리

허나 난 아니다.
나야말로…
이 북방의 패자!

그 누구도
내 앞을 막을 수는 없다!
누구도!

오늘 하늘은
구름 한 점 없이 맑다.

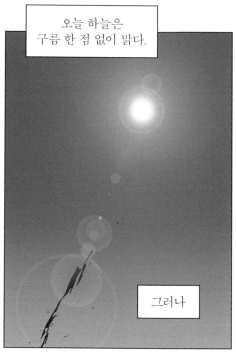

그러나

천둥소리가…
사방을 뒤흔들었다.

내가… 이겼다!

으하하하!
보아라! 비야!
이 공손찬이 승리했노라!

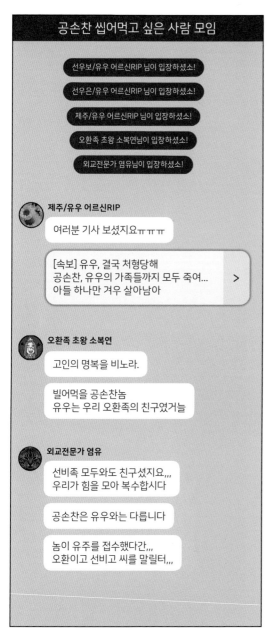

공손찬 씹어먹고 싶은 사람 모임

선우보/유우 어르신RIP 님이 입장하셨소!

선우은/유우 어르신RIP 님이 입장하셨소!

제주/유우 어르신RIP 님이 입장하셨소!

오환족 초왕 소복연님이 입장하셨소!

외교전문가 염유님이 입장하셨소!

제주/유우 어르신RIP
여러분 기사 보셨지요ㅠㅠㅠ

[속보] 유우, 결국 처형당해
공손찬, 유우의 가족들까지 모두 죽여...
아들 하나만 겨우 살아남아 >

오환족 초왕 소복연
고인의 명복을 비노라.

빌어먹을 공손찬놈
유우는 우리 오환족의 친구였거늘

외교전문가 염유
선비족 모두와도 친구셨지요,,,
우리가 힘을 모아 복수합시다

공손찬은 유우와는 다릅니다

놈이 유주를 접수했다간,,,
오환이고 선비고 씨를 말릴터,,,

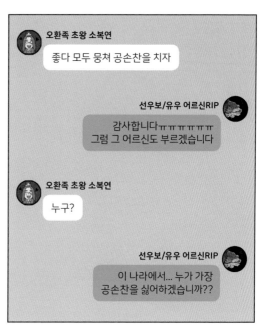

오환족 초왕 소복연
좋다 모두 뭉쳐 공손찬을 치자

선우보/유우 어르신RIP
감사합니다ㅠㅠㅠㅠㅠ
그럼 그 어르신도 부르겠습니다

오환족 초왕 소복연
누구?

선우보/유우 어르신RIP
이 나라에서... 누가 가장
공손찬을 싫어하겠습니까??

No thanks!
머리가 흐트러지면
보기 싫으니^^

*〈정사〉 유우를 따르던 선우보, 선우은, 제주, 유우와 친하던 오환, 선비 등 이민족과 손잡다.

*역경루에는 삼백만 석의 군량이 비축되어 있으며, 농사도 지을 수 있어 자급자족이 가능했다고.

내가 공손찬을
성안에 가둔 겁니다^^

[속보] 동탁 죽었는데... 장안, 다시 개판(1보)

동탁부하 이각,곽사 황제납치... "황궁에서 떵떵"   기사 더보기 >

장안?
황제는 꼭두각시입니다.
이각과 곽사는 멍청하고.

형주? 나의 우방인
유표가 꽉 잡고 있지!

연주는… 위태롭긴 하나(웃음)
나의 벗 아만이 사수중이고?

그러니…
Tell me^^

어린 황제는
나약하고,
귀신은 성안에 갇힌
지금…

감히 누가…
이 원소에게
도전할 수
있는지^^?

역경성에서 가장 높은 역경루 침소

조조가 거느린 청주병은
본디 황건적 찌끄레기들!

안 봐도 오합지졸일 터…
그뿐인가?

원술 어르신께는~
'비장의 무기'도
있구요오~

옳다! 바보가 아닌 한…
질 리가 없다!

연주까지 내 구역이 되면
원소놈은 독 안에 든 쥐!

씨익…

219

*〈정사〉 조조. 자신의 땅인 연주에 침입한 원술을 미친듯이 추격하다.

*정말 미친듯이 추격해. 연주 밖까지 쫓아가다. 원술, 혼비백산하여 달아나다.

흉노의 왕
'어부라於夫羅'.

권력 싸움에서 밀려나
살던 땅에서 도망쳤지만…

아직 거친 피를 잊지 않은
비운의 선우(왕).

어떠냐! 듣기만 해도
무시무시하지?!

헌데 이거 아느냐?
그 흉노의 왕이, 바로 내 것이다!

연주일보

[속보] 어부라♥원술 손잡아…"뜻밖의 케미"

원술, 어부라가 이끄는 흉노와 팀맺어…"흑산적도 함께"
"조조를 부수고 연주를 먹어치울것"

뉴스 댓글 (24)

ㅋㅋ ㅋㅋ원술 엄청 급했나봄
      그 도련님이 이민족에 도적이랑 손을잡냐

천한것들 @ㅋㅋ 장갑끼고 잡았을듯ㅋㅋ??

*어부라의 흉노군과 흑산적, 원술군과 손발이 맞지 않아 조조군에게 처참하게 깨지다. 어부라, 도망치다.
**전위. 근엄한 거짓말쟁이. 자기 신분을 속여서 원수의 집에 침입해 복수한 적이 있다고.

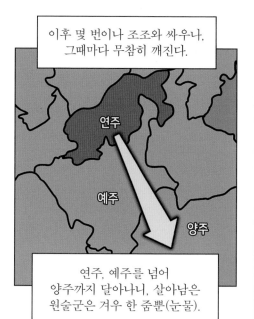

이후 몇 번이나 조조와 싸우나,
그때마다 무참히 깨진다.

연주

예주

양주

연주, 예주를 넘어
양주까지 달아나니, 살아남은
원술군은 겨우 한 줌뿐(눈물).

조조, 나름 떠오르던 별,
대명문가 원술을 쳐부수고

연주

온 나라의 주목을 받으니…

오래 자리 비워
미안합니다.
피 냄새 고약해도
참도록.

저벅

저벅

연주 관청

저벅

저벅

나 없는 사이
별일 없었습니까?

226

책사 진궁
(군사 담당)

뭐?! 이햐~
거 양반들
양심도 없지!

내가 좋게 좋게
말씀드렸구먼 아~;;;

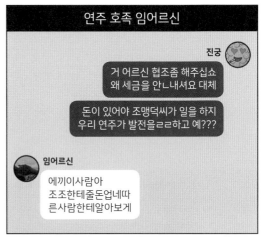

연주 호족 임어르신

진궁

거 어르신 협조좀 해주십쇼
왜 세금을 안ㄴ내셔요 대체

돈이 있어야 조맹덕씨가 일을 하지
우리 연주가 발전을ㄹㄹ하고 예???

임어르신

에끼이사람아
조조한테줄돈업네따
른사람한테알아보게

치사한 꼰대들…
그러나 털끝 하나
건드려선 안 돼!

토박이들 도움 없이
이곳을 다스릴 순 없다…

뻑뻑

*연주 호족 등 지방 유지들. 조조를 무시하고 각자 독립적인 세력을 불리는 데에 힘쓰다.

건방진 놈들…
모조리 묶어서
끌고 오도록.

!

뭐야아~?!
조맹덕씨 화났어?
무섭게
왜 그르셔~ㅎㅎ

눈 딱 감고 굽신굽신해~
꼰대들 성깔 알잖아
엉?!

패왕의 길

진선생.
당신 뭐하는
사람이야?

뭐?

망설이면
안 됩니다.
얕보이면
끝장이야!

근데 선생이
감히 날 막아?!

당신 내 책사 아닌가?
난 그쪽 주인이고?

모조리 힘으로 찍어눌러.
내게 반항하면 죽이고!
이 조조가 허락하지.

!

그러라고 한 건
당신이잖나? 선생!

암! 어찌 잊을까?

천하를 쥘 찬스가 왔는데!
틀어잡아야 할 거 아닌가!

진선생

내가 1인자 시켜줄까ㅎㅎ?

그때 한창… 동탁 토벌에 실패해
절망해 있던 그때!

진궁
근데 조맹덕씨 이거 알아?

조조
?

 진궁
인자에도 끝이 있다 이말이야ㅎㅎㅎ
티어가 세 개 있지

성군

패왕

폭군

맨 꼴등이 폭군
성깔 드러운 조맹덕씨한테 딱인데~

조조
- -

 진궁
근데말야~? 가만보니
폭군짓 하는건 나쁜애가 아니라
멍청한 애들이더라고~~??

조맹덕씨 머리는 좋잖아? 이건 패스

조조
ㅎ

 진궁
대망의 1등은 성군ㅎㅎ

착하고 인자해서 모든 신하들 존경받고
백성들이 마음으로 따르는잔데ㅋㅋ
ㅋㅋㅋㅋㅋㅋㅋㅋㅋㅋㅋㅋㅋㅋ

조조
?

 진궁
ㅋㅋㅋㅋㅋㅋ아이고 조맹덕씨ㅠㅠ
엠뷸런스 불러줘 당신 책사 죽네

내배찢ㅈ어진다 쓰다가 빵터짐~

성군 조조

말이되냑ㅋㅋㅋㅋㅋㅋㅋㅋㅋㅋㅋㅋ
ㅋㅋㅋㅋㅋㅋㅋㅋㅋㅋㅋㅋㅋㅋㅋ
ㅋㅋㅋㅋㅋㅋㅋㅋㅋㅋ

조조
조용

 진궁
그러니까는 말이야

조맹덕씨는 꼴등도 1등도 아닌
2등짜리 지배자가 되시라 이말이야

조조
패왕?

패왕… 내가?!

긍까
제일 센 패왕이 되어서!
교통정리 하란 말이야~
어때? 딱 조맹덕씨
스타일이지?

선생 말씀대로…
내 앞길 막는 놈들 싹 치워서!
태평성대 이룩하겠다 이겁니다.

이 조조… 이젠
그럴 힘이 있어!

알았으면 냉큼 따라오셔!
싸우고 왔더니 배고파 죽겠군.

참! 잔치 준비
잘 돼가나?!

돈 팍팍
써!

*〈정사〉진궁, 조조에게 연주를 바치며 권하다. "연주를 발판 삼아 천하를 도모하십시오. 그것이 패왕의 업입니다."

*〈연의〉 진궁, 조조를 동탁 손에서 구하다.
**〈정사〉 진궁, 조조에게 연주 땅을 바치다. 조조, 진궁을 어린아이처럼 아끼다.

나 참~
이 영감탱이
낮잠 자나?!

전화를 받지 않아…

아버지

통화실패

취소

안 봐도 선하군.
얼마나 좋아하실지?

지금 내 모습 보시면!

왜 그러고
사는 게야?!

238

삼국지록

二十一. 도겸의 실수

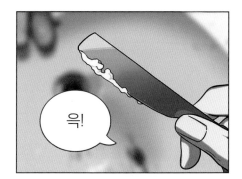

억!

이런
씁…

깊게 벴네
이거?!

헉 어르신 괜찮으십니까?! 의원 부를까요?

됐다! 가서 밴드나 하나 가져와!

살색으로 들고 와라! 상처 티 안 나게.

나 참~ 웃겨 죽겠네!

뭔 아버지 얼굴 보는 게 소개팅보다 떨려~

암! 오늘은 무조건 남 보기에 번듯해야 한다!

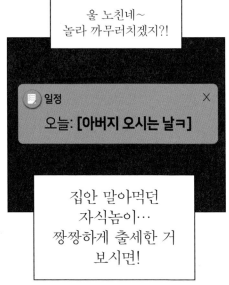

울 노친네~ 놀라 까무러치겠지?!

일정 ✕

오늘: [아버지 오시는 날ㅋ]

집안 말아먹던 자식놈이… 짱짱하게 출세한 거 보시면!

어른 오셔~
아버지ㅋ

쾅!!

어르신!

어어! 순선생.
왜 그리
허둥대시나?!

아! 울 아버지
벌써 도착했습니까?
거 빨리도 왔군!

어제만 해도
서주 톨게이트라더니?

아버지께
좀만 기다리시라 해요.
나 마저 때 빼고 광내게ㅋ

어르신. 모쪼록…
침착하셔야 합니다.

지금… 연락이 왔는데…
어르신 아버님과
가족분들께서…

? 예, 우리 식구들이 뭐요?
오다 멀미라도 했답니까?

…?!

크아아악!

제기럴…
이를 어쩐단 말이냐?
어엉?!

서주의 지배자
도겸 字 공조

어르신!
진정하십시오!
뇌혈관
터집니다!

몸도
성치 않은 분이...

크악! 빵 터지라지?!
나 칵 죽고 싶으이!
험한 꼴 당하기 전에!

이게 웬 난리라냐?!
하필 서주에서!

서주일보

[속보] 연주자사 조조 아버지 "처참하게 죽어"

서주에서 <u>조씨네 일가족</u> 살해당해..."끔찍"
조씨 동생 조덕, 친척들도 "모두 사망"

기사 더보기 >

소식　지식인　솜씨　수포추　민화/패관문학　시 ∨

서주일보

범인들, 시신에서 귀중품 싹 털어가..."헐"
"금품이 목적인 강도살인으로 추정"

소식　점 ∨

이 망할 놈!

"도적인줄 알았는데... 충격!"
범인, <u>서주자사 도겸</u>의 부하로 밝혀져

이놈 땜에 나만 죽게 생겼구나!

*〈정사〉 조조의 아비 조숭, 동생 조덕 등 조씨 일가 모조리 서주에서 죽임당하다.

호호! 아… 아니지?
내가 일부러 그랬남?!
나도 피해자야~!

조조야~ 설마!
복수하진
않으렷다?!

…순선생.
당장 전군
소집하도록.

서주를… 칠 테다!

살인자 도겸은… 사죄도 하지 않고!
성에 틀어박혀 버티고 있소!

조조가 용감하게 공격중이나…
몇 달째 고전하고 있다는군.

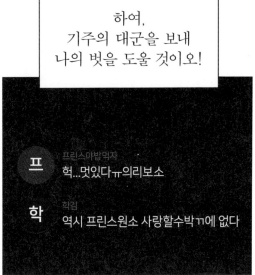

하여,
기주의 대군을 보내
나의 벗을 도울 것이오!

프린스야밥먹자
프 헉…멋있다ㅠ의리보소

학김
학 역시 프린스원소 사랑할수박ㄲ에 없다

와
아
아
아
아
와

조조와 내가 힘을 합쳐!
**정의가 살아 있음을
보여주리라!**

캬~ 역쉬 울 어르신~!
연기 차암 잘하셔~ㅋㅋ?
어쩜 1초 만에
눈물 또르르래~?

저
벅…

*〈정사〉조조, 자기 가족을 죽인 죄를 물어 서주 도겸을 치다. 도겸, 대군을 잃고 두려워 팽성에서 버티다.
**〈정사〉원소, 조조의 서주정벌을 지원하다.

빠쳐서 복장 터지기 직전이실 텐데~ㅋㅋ

곽선생!

왜~? 맞잖어~

뜨흡! 조조 그 양반한테 서주 땅 스틸당하게 생겼잖나~!

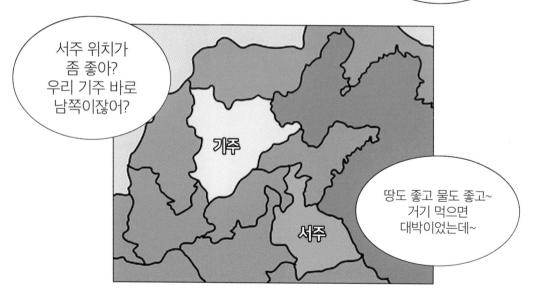

서주 위치가 좀 좋아? 우리 기주 바로 남쪽이잖어?

기주

서주

땅도 좋고 물도 좋고~ 거기 먹으면 대박이었는데~

*조조는 원소보다 세력이 훨씬 약했다.

*큰 부자였던 조숭은 1억 전을 내고 태위 벼슬에 올랐다. 태위는 재상을 뜻한다.

무엇보다… 한낱 신하일 뿐인 그대가

주인인 나의 뜻을… 어찌 읽는단 말인가?

경거망동하지 말도록!

침착하자.
아직 희망은 있다!
비록 병들었지만, 도검은 역전용사!
아만은… 밀리고 있지.

저벅

저벅

식량마저 떨어졌다니,
곧 내게 도움을 청할 터!

그럼 서주에서의 주도권은 내 것이다.
그뿐인가? 아만은 성질이 급해!

전장에서 큰 실수라도
저지른다면,
삽시간에 무너질 터…

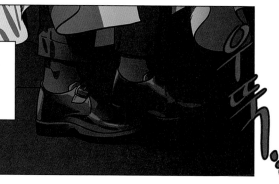

우뚝

내가⋯ 상대의 실수를
바란다고?

모든 시나리오를
완벽하게 준비해,

반드시 원하는
결과를 이끌어내는
이 원소가⋯

한심하게⋯ 실수 같은
**우연이나 바란다는
말인가?!**

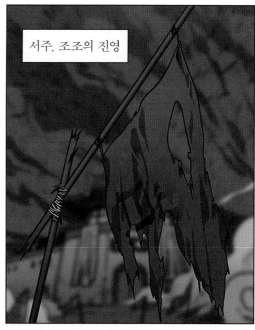

서주, 조조의 진영

퇴각합시다.
서주를… 포기하지.

조조의 책사
정욱

예에…?!

조조의 장수
조인

형님… 아니, 어르신!
한번 더 기회를 주십시오!

그만!
장군,
떼쓰지 말어!
어르신 말씀
따르게!

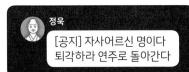

할 만큼 했네.
이젠 돌아가야 해!

정욱
[공지] 자사어르신 명이다
퇴각하라 연주로 돌아간다

기회는 또 올 게야.
빨리 이 서주를
벗어나세…

병사들이 지친데다…
먹을 것도 없어!

거기다 공손찬이…
도겸을 돕겠다 하지 않나?!

아니! 정선생님.
뭐하러
서두릅니까?

*〈정사〉 도겸, 성에 들어가 버티다. 조조의 서주정벌 실패로 끝나다.

'서주徐州'.
(현재의 장쑤성 일대의 땅)

서주

낙양

서주

물이 풍부하고 땅이 기름지며…

수도 낙양 또한 가깝다.

그래서 동탁이 낙양에서 난리 칠 때,

수많은 백성들이
도망친 곳 또한 이 '서주'.

지도 '서주' 앱 평점 및 리뷰

4.0
★★★★☆

서 | 서주좋아
살기 좋아요 ★★★★★

서 | 서주오세요
물도 좋고 땅도 좋고 ★★★★★

항 | 항우
돈있으면 서주아파트 살텐데ㅠㅠ ★★★★★

동탁을 피해, 죽음을 피해

겁먹은 백성들에게는
마지막 희망이었던 '서주'.

연주자사
조조의 군대

그 서주의 끝으로,
붉은 피바람이 몰려간다.

서주 북쪽, 낭야국

낭야중 3학년 4반

시험기간 결 쾅 열자

우다타다

야, 나 체육복 좀!!!

쾅!!!

소아
(낭야중3)

아 꺼져…
왜 깨우는데…ㅜㅜ

다른 반
나가라고

도화
(낭야중3)

ㅁㅊ 깜박했어.
나 다담시간 체육!!!

응 수고… 나 잘 거야.
딴애한테 빌려…

다른 반
나가라

아, 이 반에 아는 거
니뿐이라고~!

와 니네 반도 거의 텅텅이네~;;

당연하지… 다 피난 갔으니깐…

넌 언제 가냐…? 난 오늘 사물함 비움ㅇㅇ

소식 수포

[속보] 조조, 가족들 복수한다며…"서주침략"

공손찬 "유우? 황제자리 탐낸 역적"

"개인적인 원한 없어(웃음)"

유우, 추운 감옥에 갇혀…"이 겨울에"

우리집도 짐은 싸놨는데ㅋ 엄빠가 걱정하지 말래!

"어떤 미친X이 죄 없는 민간인을 죽이겠냐고". ㅋㅋ

오… 맞네…

으악 냄새 !!!!!!!!

ㅁㅊ 안 빨았냐?? 니네도 5교시 체육이잖아. 넌 안 입을 거냐고ㅜㅜ

체육쌤 전쟁나도 복장체크 다 한댔다고.

아니 도른자야…
오늘 당연히 실내수업이지ㅜㅜ
봐봐라…

날씨 미쳤다고…
우리 절대 못 나간다고…

아 아니라고!!!
금방 비 그친댔다고!!!

걔가 기상청보다
정확하다고~ㅜㅜ

내일 날씨

비가 와요!

어제 비   오늘 비   내일 비   모레 비

누가요ㅋㅋㅋㅋ
니네 반 선생님??

한 번만
봐주세요~

얘 이거 없으면
공부 못 해요~~~
ㅜㅜㅜ

그치 꼬맹아~?
그거 니
보물이지~ㅋㅋ?

워 이잉~

……

네!

랩스   슬로 모션   비디오

뇌 쓰면요…
머리에서요
열나요…

랩스   슬로 모

二十四.

꼬마 천재 제갈량

269

꼬마 천재 제갈량

푸는 방법만 알면…
그리고 실수만 안 하면

답은 맞을 수밖에
없어요.

정확한 지도가 있으면…
출발하기 전에 내가 어디
도착할지 아는 것처럼요…

와… 미쳤다.

야! 나 니 동생이 하는 말
하나도 못 알아듣겠어!

제갈량의 둘째누나
제갈채(중3)

어. 정상이야~

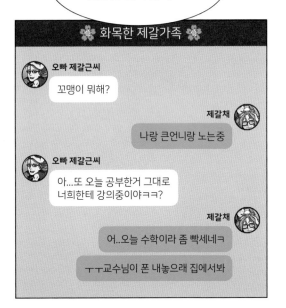

우리 가족들도 량이 말은
절반만 알아들어ㅋㅋ

🌸 화목한 제갈가족 🌸

오빠 제갈근씨
꼬맹이 뭐해?

제갈채
나랑 큰언니랑 노는중

오빠 제갈근씨
아...또 오늘 공부한거 그대로
너희한테 강의중이야ㅋㅋ?

제갈채
어..오늘 수학이라 좀 빡세네ㅋ

ㅜㅜ교수님이 폰 내놓으래 집에서봐

저 작은 머리에 뭐가 든 걸까?

평범한 애들처럼 뛰놀고 떼도 쓰면 좋을 텐데…

흥! 건방 떠네~

3반 학습부 전교 3등(중3)

야ㅋ 겨우 초등학교 조기 졸업했다고 뻐기냐?

중학교 공부 아무나 해ㅋ 진짜는 고등학교부터지!

나 고1 수학까지 선행했거든?!

나중에 프린스 원소랑 일하구 그러려나~?

아 쌤. 그건 좀ㅋㅋㅋ

거기 천재 중에서도 0.000001%만 가는데요 ㅋㅋㅋㅋㅋㅋㅋㅋㅋㅋ

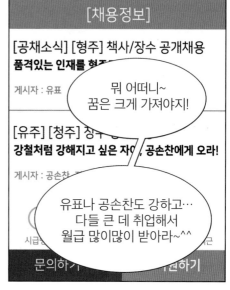

[채용정보]

[공채소식] [형주] 책사/장수 공개채용
품격있는 인재를 형주

게시자 : 유표

[유주] [청주] 장수
강철처럼 강해지고 싶은 자여, 공손찬에게 오라!

게시자 : 공손찬

뭐 어떠니~ 꿈은 크게 가져야지!

유표나 공손찬도 강하고… 다들 큰 데 취업해서 월급 많이많이 받아라~^^

문의하기   연하기

꼬맹이는? 누가 제일 궁금하니?

원소? 유표? 공손찬?

왁! 니 진짜 4차원!!!

이 꼴통아! 조조 걔 우리 적이거든?!

아 왜 기죽여~! 우리 조조 꼴통부하 개좋아한다고~ㅜㅜㅋ

연주관청 조직도

재무팀 대리
악진 字 문겸

특기: 토익990 / 엑셀, 피피티 만들기 / 사람패기

조조 부하 중에…
악진 알지?
원래 사무직이었대ㅋㅋㅋ

*〈정사〉 용맹하기로 유명한 조조의 장수 악진. 원래 조조군 하급 문관이었다. 어릴 때부터 공부 잘했다고.

그리고 호위장수 전위?
죄짓고 도망친
백수라던데ㅋㅋ?

나는
자연인이오
연주에는 타잔이 산다?!

내레이션 : 어휴...우리 자연인(웃음)호랑이
잡으시면 가죽으로 팬티부터 만드셔야겠는데요?

어이없다ㅋㅋㅋㅋ
뭔 쓰레기통도
아니고

조조 걘 남들이 버린
인재 주워서 쓰네ㅋ

깡통

페

그만큼 기반이 약한 거지ㅋ
실력 있는 애들이
내시X끼한테 왜 가냐ㅎ?

쥐뿔도 없는 놈한테 붙으면
개고생만 실컷 함…ㅋㅋ

……

*〈연의〉 전위, 본디 연주의 장수였으나 뜻 맞지 않은 부하 처죽이고 숲에 숨다. 맨손으로 호랑이 쫓아 골짜기 뛰어넘다가 조조에게 캐스팅되다.

*〈서주대학살〉 조조군, 서주 백성들을 아이, 노인 구별 없이 닥치는 대로 죽이다.

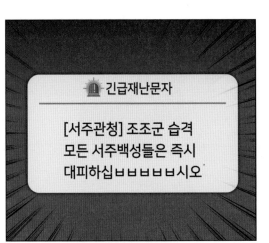

🚨 긴급재난문자

[서주관청] 조조군 습격
모든 서주백성들은 즉시
대피하십ㅂㅂㅂㅂ시오

ㅅㅂ 안 비켜?!

이, 이게 미쳤나…
뭐, 후문으로
도망치자고?!

거기 수업중엔 잠가놓는 거
전교생이 다 아는데… 으흑…

*송부인 : 제갈근·영·채·량의 새어머니. 제갈량의 막냇동생 제갈균의 생모로, 고아가 된 제갈 남매를 키우다.

걱정 마!
어머니랑 오빠가
마트 탈탈 털었어!

트렁크에
과자도 있다ㅎㅎ?

밖에 별일 없으니까…
걱정 말고 다들 눈 붙여.
응?

…?!

꼬맹아?!

저게 다… 사람이야.

조조가…
죽였어!

…무서워!

멈춰라!

*조조군에 학살당한 서주 사람들과 가축 시신이 강을 메워 물길을 막다.

*조조의 군사들, 서주의 죄 없는 백성들까지 학살하다.

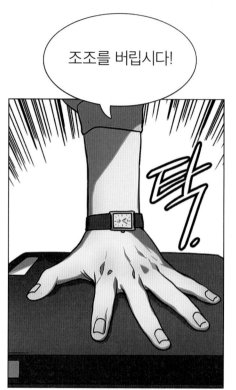

조조를 버립시다!

기주
원소 전략 기획실

엥?! 조조는 우리 동맹인뎁쇼?! 울 어르신 빵셔틀이고.

그래도 저건 아니죠.

뉴스특보

…너무 큰 사고를 쳤어요. 서주 사태에 우리까지 엮이면 안 됩니다.

'서주대학살'이라고 했을 때, 사람들이 기주의 '프린스 원소'를 떠올려서는 안 돼요.

기주뉴스
[속보]서주 사망자 계속 늘어… "지옥"

'우리가 시킨 거 아니다'
'조조가 또라이'

기주 미디어 홍보실
공포의 키보드워리어
진림 字 공장

이걸 점잖고 우아하게.
진실장님, 느낌 알죠?

아, 그럼요~
저만 믿으셔~ㅎㅎ
맞는 말이지 뭘.

[보도자료] 기주목 원소와 기주관청은, ↵
예상치 못한 서주의 비극에 조의를 표하....|

이야~
왤케 차분해?
걱정 안 돼?
순선생?

조조네 책사잖아?
선생 동생 순욱씨.

허… 걱정은?
걔가 자초한
일인데.

난
분명히 경고했어요.
사고 한번 날 거라고.

292

삼국지록

1년여 전, 순심의 침실

……

순욱
웹니까 누님
왜 조조에게 가기 싫으세요

순심
순욱,
헛소리 하려고 나 깨웠니

순욱
아시잖아요...
원소 보기와 다른 사람입니다

자기밖에 모릅니다 그사람

순욱
십상시 치고 동탁 노리고
반동탁연합에서 선봉에 서고

조조 어르신은 평생 자기가
옳다고 믿는 일에 몸던졌어요
우리 순씨가문이 힘 보탤수 잇써요

그분께 없는건 힘뿐입니다

순심

그래서 싫단건데.

순욱
???

순욱.
고기도 먹어본 놈이
잘 먹는 거야.

정치도
오래 해본 놈이
잘하는 거고.

근데
조조는 아마추어지.
'프린스 원소'와 달리.

만약 조조가
권력이란
검을 쥔다면
네가 이뻐하는
그 양반은…

…신나서
칼 휘두를 거다.
앞뒤 분간 못 하고.

그 멍청한 꼬라지…
가만히 지켜볼
자신 있니?

하여간
아둔하긴…

호로록…

어쨌든,
이거 하나는
명확하군!

서주는
버림받았어.

조조군이 땅이란 땅은
모조리 짓밟았으니…
경제적인 가치는 제로.

농사조차 못 지을 폐허를…
어떤 제후가 탐내겠어?

이 사태를 잠재울 건
황제뿐인데,
옴짝달싹 못하는 신세니…
망했네 망했어~ㅜㅜ

아무도 서주를…

서주 백성들을
구하지 않을 게야!

끄…

으어어억…

헉…?!

헛… 웨, 웨,
웬놈이냐?!

어, 어떤 놈이…!
가, 가, 감히
우리 조조군을…

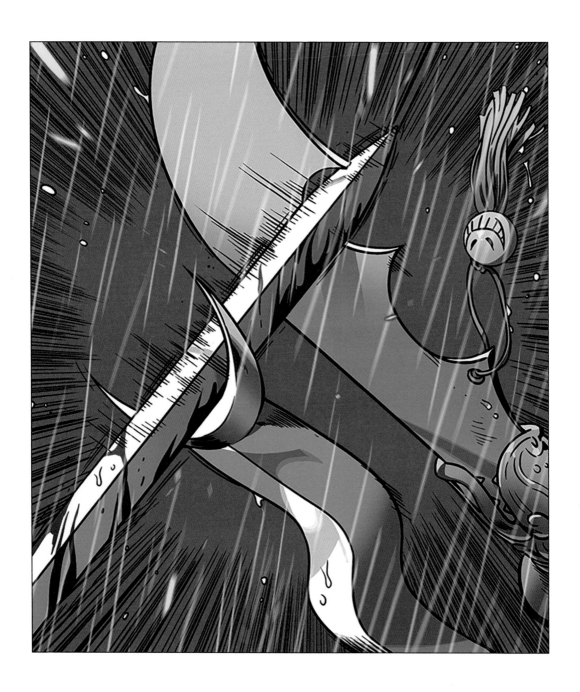

저 군인들은…
누, 누구지?!

어… 어머니!
우리 이제
살았어요!

어엉?!

악! 뭔데 씨?!
목숨 구해줬는데 쌩까?!

콱 쫓아가서
바퀴 네 개 다
펑펑펑펑…

참아라, 막내야~
뭐가 고맙겠냐…
우리도 군인인데.

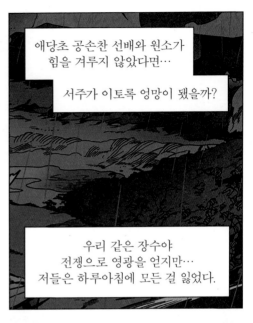

애당초 공손찬 선배와 원소가
힘을 겨루지 않았다면…

서주가 이토록 엉망이 됐을까?

우리 같은 장수야
전쟁으로 영광을 얻지만…
저들은 하루아침에 모든 걸 잃었다.

어린애들도 탔던데…

미안해~ㅜㅜ
아저씨가
놀라게 해…

(형)님!!

*군웅들, 서로 팀 맺어 겨루다. 원소·조조·유표 vs. 공손찬·도겸·원술 싸우다.

유현덕… 그대!
제정신인가?!

다 봤네.
왜 적들의 팔을 쏘았지?
살려줄 생각이었나?

미쳤군!
우리는 겨우 수천이고…
조조군은 수만이야!

*도겸, 조조 막고자 동맹인 공손찬에게 도움 요청하다. 공손찬, 원소와 겨루느라 적은 군사만 보내다.

적에게 자비를 베풀면…
어찌 승리하겠나?!

자네가 데려온
저 '군사'들도…
도통 미덥지가 않거늘!
쯧쯧!

…송구합니다요,
어르신ㅜㅜ

조조군
팔을 쏜 건…

들었기 때문입니다.
저들은 태반이 한때
백성이었다고…

협박이라도 당해서
살육하나 싶었는데…
아니더군요.

조조군이 저리 잔인하니…
싸우면 저희가 지겠네요.

뭣이 어째?!

하지만…
이놈 믿으십쇼!

우리가 지더라도,
조조가 승리하진
못할 겁니다!

서주 관청(박살남)

아이고! 이제 살았다!
공손찬이 와주었구나!

어… 어르신!
진정하시지요!
뇌혈관 터집니다!

유비의 도박

유비라는 자는…
우리 서주 백성들한테 군복입혀
싸운다는군요^^;

뭐… 뭣이 어째?!
유비이이이이이이익!!!

네놈이…
미친 게야?!

오랜만에 뵙습니다!
조조 어르신.

*제갈량의 숙부 제갈현, 형주의 유표 밑에서 벼슬하다.

영웅인가 악당인가

조소 그놈을… 엄만
용서할 수가 없다!

그,
그대는…?!

유비…? 유장군!

예! 어르신.
오랜만에 뵙습니다.

반동탁연합 이후
처음이니… 이야!
3년은 됐네요!

하하! 근데 마치
어제 일처럼 생생하니…

어르신!
이거 아십니까?

?

저 조조 어르신은…
제 영웅이셨답니다!
다른 제후들은 다 몸을 사리는데,

저분은, 당당히 앞장서…
잔인한 동탁에 맞섰지요.

한데…
그랬던 분께서!

어쩌다
이렇게 되셨습니까?!

뭣이?!

*〈연의〉 유비, 조조의 아버지를 죽인 건 도겸이 아닌 도겸 부하 장개의 짓이라며 변호하다.

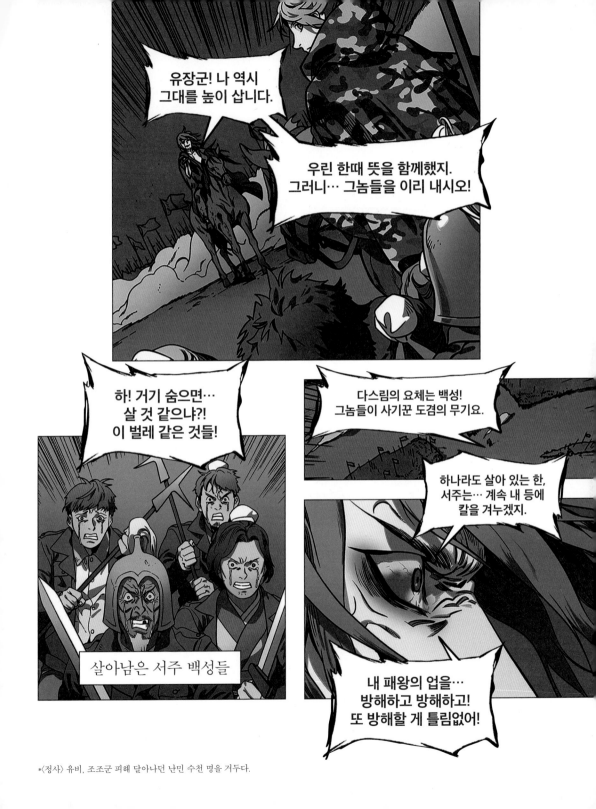

*조조는 죽을 때까지 서주대학살을 후회하지 않았다고.

오늘 종일
끔찍한 것만 봤으니…
다 큰 어른이어도
몸져누울 것을…

쌔액!

쌔액…

아가, 푹 자거라.
눈뜨면
서주 땅 밖일 테니.

자고 일어나면…
나쁜 건 다 잊을 게야…

이 지옥을,

불타는 서주를…!

속상하다. 왜 하필…
내 동생 량이는 천재인가?

이 아이는…
절대 잊지 못할 거예요.

영웅인가 악당인가

…그렇군요!

오랜 시간이 걸렸으나…
이 유비, 이제야 알겠습니다.

어르신은 영웅도…
악당도 아니시군요!

…뭐?

당신은…
괴물이야!

영웅인가 악당인가

二十九.

태사자의 포효

이상하다고

생각은 했다.

왜 오늘은

'그들'이 보이지 않는가?

유비… 저자에게는
양날개가 있다.

관우와 장비…!
피가 이어지지 않은 동생들!

가히 태산처럼,
고요히 한 발 뒤에 서 있다가도

적을 만나면… 미칠 듯한
무용을 뽐내는 맹장들.

모습이 없기에 어디 갔나 했더니…

내 등뒤에 있었나!

끄악!
기, 기습이다!

치, 침착하라!
대오를 지켜라!

허, 헉…!
저 둘은?!

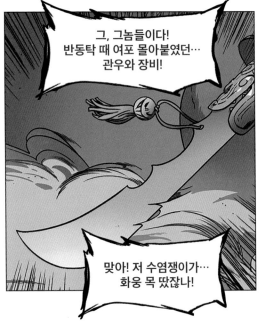

그, 그놈들이다!
반동탁 때 여포 몰아붙였던…
관우와 장비!

맞아! 저 수염쟁이가…
화웅 목 땄잖나!

*〈정사〉 청주 북해지역 지배자였던 공융. 유비 도우러 서주로 오다.

327

*수극과 활의 달인, 태사자는 태씨가 아니라 '태사'씨이다.

태사자의 포효

*〈정사〉 공융. 태사자 어머니를 돕다. 태사자, 어머니 부탁으로 공융과 함께 행동하다.

비밀 작전?! …아뿔싸!

등뒤의 유비를…

까맣게 잊고 있었다!

유비! 그대의 목적은 처음부터
나와의 정면 대결이 아니라…

공융과 태사자가
나의 눈길을 잡아끌면,

기습적으로… 내 뒤를 치는 것이었군?!

야~ 조조놈아! 어딜 보냐?!

여기다! 여기!

갓장비 님이시다! 푸하핫!

야~ 그새 많이 늙었다 아저씨?!

허리 굽어서 키 줄어든 거 봐~ㅠㅠ

아ㅋㅋㅋ! 원래 그 키라고?!

저놈은… 바보더냐?!

기억한다! 반동탁 때… 세 치 혀로 여포를 펄펄 뛰게 한 것!

*〈연의〉 장비, 여포에게 아비가 셋이라고 놀리다.

빌어먹을! 유비!
날… 조롱하는 거냐?

도대체… 무슨 꿍꿍이야!

저건 자비가 아니다.
자살행위지!

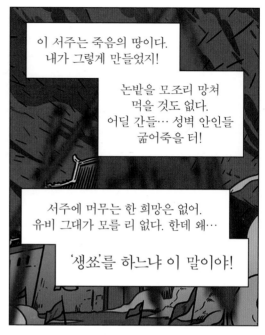

이 서주는 죽음의 땅이다.
내가 그렇게 만들었지!

논밭을 모조리 망쳐
먹을 것도 없다.
어딜 간들… 성벽 안인들
굶어죽을 터!

서주에 머무는 한 희망은 없어.
유비 그대가 모를 리 없다. 한데 왜…

'생쑈'를 하느냐 이 말이야!

…잠깐,
'생쑈'라고?!

아만.
목숨을 건 쇼도…
쇼인지?

Nope! 대중은…
눈에 보이는 걸
믿어.

잘 생각하면
합리적이지 않아도,
선하고 고귀해 보이면
기꺼이 사랑하지.

명분을 얻는
대가로…

내 목숨 따윈
저렴하지^^

목숨 바쳐…
이 늙은이와
가엾은 내 백성들을
구해주다니…

고맙소!
참으로 고마워!

이자가… 서주 지배자 도겸?!

도겸!
비록 지금은 늙었으나,
한때 날고 뛰었다 한다.

연관검색어 도겸, 도겸장군님, 반란파괴자, 황건적 스토커,
서주 일짱, 고집불통, 궐선, 악당보다더악당, 서주악마처형

젊어서
전장을 누빈 용사로,
떴다 하면 적들이
벌벌 떨었다고…

그뿐인가? 자기 목적을 위해서라면
비열한 속임수도 마다않았다지…

크하핫! 도겸 짜샤~!
니가 그러고도 공무원이냐?!

내 친구! 인간쓰레기
도겸을 위해 건배…

크… 커헉?!

*〈정사〉 도겸, 황보숭, 장온, 주준 등 맹장들과 함께 싸우다. 「도겸전」
**〈정사〉 도겸, 하비에서 날뛰던 도적떼 두목 '궐선'과 손잡다. 벼슬에 오른 지방관 신분이면서 약탈(!)을 일삼다. 「도겸전」
***〈정사〉 도겸, 궐선을 배신해 그를 죽이고 부하들을 집어삼키다. 「도겸전」

그러나 지금은…
병든 노인일 뿐이구나.

허허! 장해요!
장해… 쿨럭…

몸은 뼈와 가죽뿐…
주검이라도 만지는 듯해…

근데… 뭐지?

주르륵…

이 노인 같지 않은…
억센 손아귀 힘은…

먹이를 노리는
승냥이 같은 눈빛은!

허허! 이 은혜를…
내 무엇으로 갚을꼬?

三十一.

유비 어르신께 충성

예에?! 어르신…
벌써 가십니까?

그래.
청주를 너무
오래 비웠네.
더는
지체할 수 없어.

그래도
더 쉬다 가시죠…ㅠㅠ
이따 도겸 어르신이
크게 쏘신다는데…

바로 그자 때문에
서둘러 떠나는 거야!

도겸 그 인간…
아주 찰거머리처럼
들러붙더군!

이래서야
영영 못 떠나네.
우릴 절대
놔주지 않을 테니!

 서주자사 도겸

아이고 전장군~어딜가셔~ㅠㅠ
하루만 더 있다가응??일주일만!일년만!

쯧쯧…
어지간히 조조가
겁나는 모양이지?

명색이
서주의 주인이란 사람이…
에잇!

ㅎㅎ… 두려우신 게죠.
언제 조조가
다시 올지 모르니…

유비 자네는? 안 가나?
마침 조조도
물러났으니…

서주를 떠날 찬스는
지금뿐인데?

엥:: 아, 저요?
아아… 예에에…

전 여기 쫌만 더
있겠습니다!!!

도겸 어르신 걱정돼서요…
조조놈 또 오면 어쩝니까?

서주는 귀한 동맹인 것을요!
열심히 지키겠습니다!

이거 다~ 저희 공손찬 선배님
위해서인 거 아시죠?!

… 그래?
자네 뜻이 그렇다면…

유비 어르신께 충성

그때 진작 알았네. 그대는…
달아나려는 것이야! 공손찬에게서!

장수가
주인을 멋대로 바꾸다니!
목을 베도 부족하나…
네 말대로 도겸은 동맹이다.

그러니 잘 지켜라.
허나 조심하라!

도겸은 속이 시커멓다!
네놈을 이용하려 들 테지.

*청주자사 전해. 부하인 유비를 서주에 두고 혼자 청주로 돌아가다.

죄송해요…
백규 형…

!

뻠빠
빠
밤♪

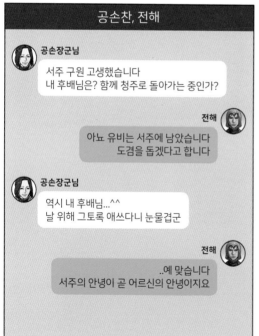

공손찬, 전해

공손장군님
서주 구원 고생했습니다
내 후배님은? 함께 청주로 돌아가는 중인가?

전해
아뇨 유비는 서주에 남았습니다
도겸을 돕겠다고 합니다

공손장군님
역시 내 후배님…^^
날 위해 그토록 애쓰다니 눈물겹군

전해
..예 맞습니다
서주의 안녕이 곧 어르신의 안녕이지요

전해
유비 그자는… 절대
어르신을 배신하지 않을겁니다

송구합니다. 어찌…
진실을 말씀드리겠습니까?

유비, 그자는 맘먹은 겁니다.
어르신에게서… 멀어지기로.

북방의 귀신 공손찬과는
다른 길을 가기로!

성난 유주 백성들에…
아끼던 동생인 유비까지

세상이 차례차례
공손찬을 버리는구나!

…그러나 난!
죽어도 내 주인을
저버리지 않겠다!

빠
쭈

?!

유비 어르신께 충성

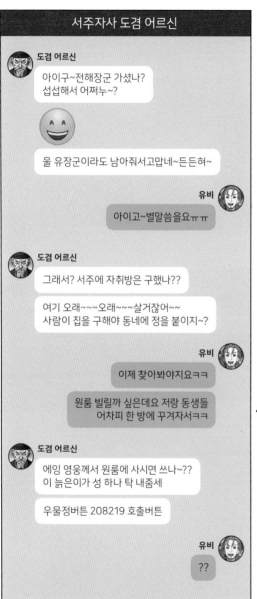

서주자사 도겸 어르신

도겸 어르신
아이구~전해장군 가셨나?
섭섭해서 어쩌누~?

😄

울 유장군이라도 남아줘서고맙네~든든혀~

유비
아이고~별말씀을요ㅠㅠ

도겸 어르신
그래서? 서주에 자취방은 구했나??

여기 오래~~~오래~~~살거잖어~~
사람이 집을 구해야 동네에 정을 붙이지~?

유비
이제 찾아봐야지요ㅋㅋ

원룸 빌릴까 싶은데요 저랑 동생들
어차피 한 방에 꾸겨자서ㅋㅋ

도겸 어르신
에잉 영웅께서 원룸에 사시면 쓰나??
이 늙은이가 성 하나 탁 내줌세

우물정버튼 208219 호출버튼

유비
??

도겸 어르신
여기 서주 바로 옆에 예주있지~?
거기 소패성 현관 비밀번호네~ㅋㅋㅋ

연주
소패성
예주
서주

서주는 영 어수선하니까는~쯧쯔...
정리될때까지 내집이다~하구 살어 응~??

칵! 이 영감탱 왤케
노골적임?? 소패??

조조 땅 코앞 아녀??
쳐들어오면 우리한테
몸빵하라 이거네!

연주

소패성
예주
서주

아서라~
세상에 공짜가
어딨냐~ㅠㅠ

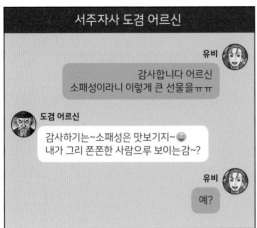

서주자사 도겸 어르신

유비
감사합니다 어르신
소패성이라니 이렇게 큰 선물을ㅠㅠ

도겸 어르신
감사하기는~소패성은 맛보기지~😊
내가 그리 쯘쯘한 사람으루 보이는감~?

유비
예?

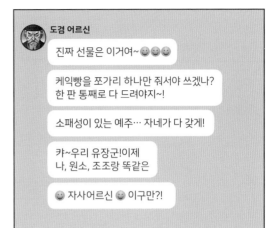

도겸 어르신
진짜 선물은 이거여~😊😊😊

케잌빵을 쪼가리 하나만 줘서야 쓰겠나?
한 판 통째로 다 드려야지~!

소패성이 있는 예주… 자네가 다 갖게!

캬~우리 유장군!이제
나, 원소, 조조랑 똑같은

😊 자사어르신 😊 이구만?!

유비 삼형제와
예주의 아이들(상상)

도겸 어르신
됐으~감사인사는 무슨~우리 사이에 😊

내 힘든일 있으면 자네한테
자주 의지함세~자주자주자주~~으리!!!

우물정……
20…8…
2…1…9…
호출!

*〈정사〉유비, 공손찬과 전해 휘하 떠나 도겸 아래로 들어가다.
도겸, 추천서를 올려 유비를 예주자사로 삼다.「선주전」

*〈정사〉이름난 연주 토박이(호족·명사)들, 조조에게 반기 들다.

집도 절도 없는
조조 너를…
열정 하나 믿고
불러들였더니

고작 한다는 짓이!
죄 없는 서주 사람들
죽이기더냐?!

기어이
들어가려거든!
내 시체를
밟고 가라!

…예.
그러리다.

뭬야?!

*〈정사〉 연주 호족들, 자기 세력도 없던 조조에게 연주 땅 맡기다.

커헉…

?!

미안하게 되었소…

조조의 장수
원칙주의자
우금字 문칙

뭣들 하냐?
어르신들 집에 가신다!

'정중하게' 댁으로
모셔다드려라!

예, 옛!

조조 네 이노오오오옴!
어찌 사람의 탈을 쓰고
이런 짓을…

허헉…

닥치시오! 일어나!

*〈정사〉 조조, 자신을 거스르는 변양을 죽여버리다.

하늘이…
두렵지도
않으냐?!

흥!

이리 오너라~!

뭐야?! 진선생! 순선생!
왜 아무도 안 나와?!

요즘 이곳
연주 분위기가…
많이 안 좋습니다.

빌어먹을… 내가
나 좋자고 그 짓 했나?

소식 지식인 솜씨 ꞈꞈ 민화/패관문학 시 ∨

[속보] 연주자사 조조, "서주에서 대학살"

네티즌 와글와글 "조조 싸패인가…이해가 안돼"
"나도 연주러인데 조조 극혐이다…" 비난쇄도

세면실

다들 어르신을
두려워합니다.
우리 백성들조차.

이 연주 자존심 지키려고…
서주에서 죽다 살아왔어! 내가!

뭐라고?!

쯧… 됐다!
걱정들 마라!

내 시궁창 냄새만
씻어내고 다시
꺼져줄 테니…

?!

애원하는 진궁

왜! 날 원망하듯
바라보냐 이 말이야!

한데 어르신…
그게 무슨
말씀이십니까?

씻고 다시 나가신다뇨?
방금 돌아오셨으면서…

…허! 왜?
불만이신가?

예, 나 밥만 챙겨 다시
서주로 떠날 겁니다.

한번 칼을 뽑았으면…
승부를 봐야 할 것 아닌가?

난 아직 도겸의 숨통을
끊지 못했어!

이번에야말로…
서주를 끝장내겠다!

*〈정사〉 조조, 1차 서주정벌이 실패하자 다시 쳐들어가다(2차 서주정벌 및 서주대학살).

제발…
서주 백성들을
살려주십시오!

우리… 고작 이러려고
그렇게 애썼습니까?!

당신 미쳤어?!
빨리 일어나…

빌어먹을!
고개 들란 말이야!!!

진궁! 당신이 어떻게 나한테 이래?!

날더러
패왕이 되라며?!

강자가 되어…
천하를 쥐라며!

진선생! 당신은…
당신만은!

내 뜻 무조건
따라와야지!!!

*〈정사〉 조조, 측근들의 반대도 뿌리치고 2차 서주정벌 떠나다.

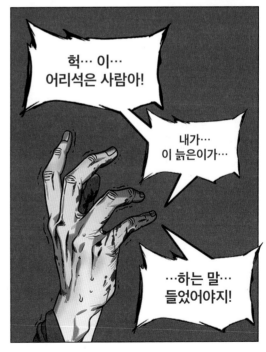

조조를 죽여줘

?! 서, 설마…
어… 어르신!

조맹덕씨가… 조조가
이랬습니까? 그놈이?!

어쩌자고… 조조놈을
연주에 들였어!

맙소사…
다 내 탓이다!

내가 조조를 살리는 바람에
여백사 어르신이 죽고…

죄 없는 서주 백성들이 죽고

~연주듀스19~~
당신의 연주자사를 뽑아주시오

조조를 연주를

발표자 : 진궁

어르신들! 절 믿고!
연주를 조조에게 맡겨보시지요!

*〈연의〉 진궁, 동탁 암살하려다 붙잡힌 조조 구해주다.
**〈정사〉 연주 토박이 진궁, "난세를 평정할 사람은 오직 조조뿐"이라며 연주 사람들을 설득해 조조를 연주 지배자로 만들다.

날 믿어준
고향 사람들마저…

죽게 만들었어!

죄송합니다!
참으로…
죄송합니다!

아뇨… 진선생님.
선생님 잘못이
아닙니다.

이 죽음들은
모두

…제 탓이에요!

조조를 죽여줘

선생님께선…
어르신을 이 연주 땅으로
불러들이셨을 뿐.

'조조'에게 덥석
날개를 달아준 건,
바로 저인 것을요!

순욱님이 정욱님을 초대했소!

정욱님이 만총, 여건님을 초대했소!

 하후돈
바글바글하네ㅋㅋㅋ잘 부탁드립니다

그러니 제가
책임지겠습니다.

다시 바른길을
가시도록…

제가
이끌겠습니다!

여봐 순선생!
이 꼬라지들 보고도…

그딴
순진한 소리가
나와?!

조조
저 인간은 안 돼!
당신이 뭘 알아?!

*〈정사〉 명문가 순욱, 인재들 끌어들여 지지 기반 약하던 조조 도와주다.

그래… 순욱씨!
나랑 같은 실수 하지 마.

바른길? 하!
조조는 길 잃은 적 없어.
이게 놈의 본성이야!

내가, 두 눈으로 봤어!

하지만 그날의 비밀을 아는 건
나와 조조뿐…

…말해도 믿지 않으려 하리라!

아니… 순선생 말이 맞다.
내가 정줄 잡아야지.

나 아님 누가…
이 지옥을 바로잡겠어?
씨 뿌린 놈이 거둬야지.

…진선생님!

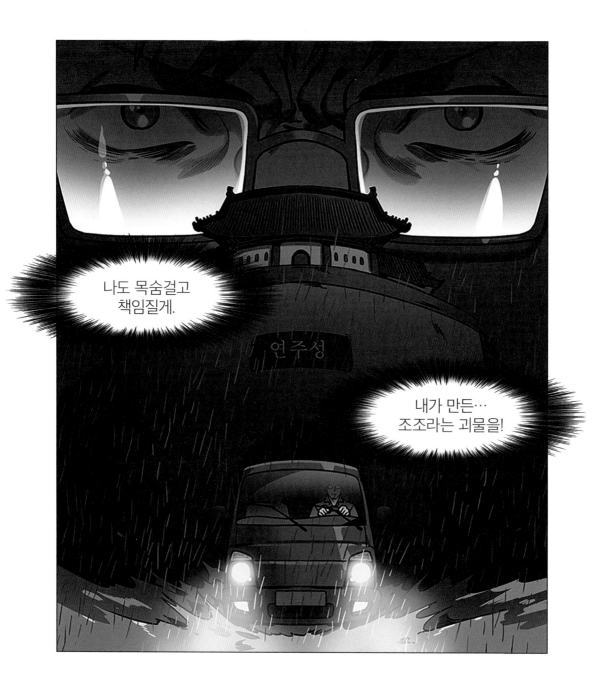

범생이 순선생

책사 순욱
선생님 퇴근하셨어요?

진궁
어~이제 집~순선생은?

책사 순욱
저는 잠깐 견성 들렀다 가려고요
얼른 일만 보고 가야죠

오늘 많이 힘드네요ㅠ

선생님..정말 괜찮으시죠?

저도 이번에 크게 실망하긴 했는데
저희 어르신 아직 할 일 많은 분이잖아요

한번만 더 믿어드리죠

조조 큰사람 만들어서 난세 끝내는거...
그게 세상에 보답하는 길이라 생각합니다

진궁
당근빳다쥐~걱정마셔~
아깐 내가 욱했어 쏘리쏘리ㅠ.ㅠ

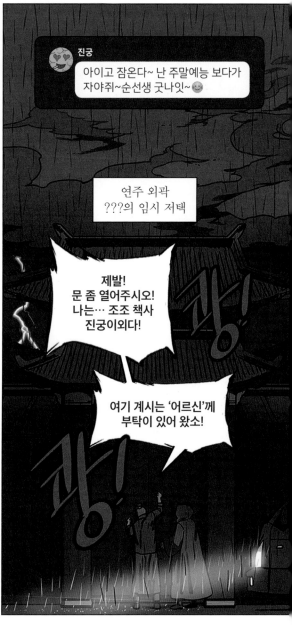

진궁
아이고 잠온다~ 난 주말예능 보다가
자야쥐~순선생 굿나잇~😊

연주 외곽
???의 임시 저택

제발!
문 좀 열어주시오!
나는… 조조 책사
진궁이외다!

광!

여기 계시는 '어르신'께
부탁이 있어 왔소!

광!

조조를 죽여줘

제7권, 「협천자」 2부로 이어집니다